Porträts von den Deutschen und
anderen Lebewesen

Madame Nielsen

Porträts von den Deutschen und anderen Lebewesen

Eine Gemäldegalerie

Matthes & Seitz Berlin

Inhalt

*

Ein Vorwort

Als ich im Juni 2019 mit dem Zug aus dem Norden in Berlin einrollte, um hier für ein ganzes Jahr als DAAD-Stipendiatin zu wohnen, zu wandern, zu weinen und zu schreiben, nahm ich mir vor, innerhalb diesen Jahres oder diesen neuen Lebens eine Reihe von Versuchen in der deutsche Sprache, die nicht die Sprache meiner Mutter ist, mir aber trotzdem sehr lieb und nicht ganz fremd und mich schön irritierend, zu unternehmen und dazu auch noch zu versuchen, die Deutschen dazu zu verführen, einige von diesen *Essais* zu veröffentlichen.

Von diesen und jenen und dazu noch drei, die ursprünglich auf Dänisch verfasst wurden, habe ich hier zehn zusammengestellt, die alle, und alle auf sehr verschiedene Arten und Weisen, »Porträts von den Deutschen und anderen Lebewesen« sind, unter denen sich auch *eine* Reiher befindet, die letzten Endes heiser auffliegt.

Ich bin diejenige, die durch meine mehr oder wenig heiklen, peinlichen oder zweideutigen Begegnungen mit oder Verhältnissen zu den einzelnen alle zum Hervortreten bringt und in der Schrift schamlos ausstellt. Und so kann ich Sie, liebe Leser-und-innen, dazu einladen, mit mir jetzt durch meine persönliche Gemäldegalerie zu wandern.

Madame Nielsen

Selbstporträt im konvexen Spiegel des 20. Jahrhunderts

Am frühen Nachmittag des 24. Juni 2019 kam ich mit dem Zug aus Kopenhagen über Hamburg nach Berlin und zog in einer große Hochparterrewohnung – vier Zimmer en suite, große Küche und Bad – am Stuttgarter Platz in Charlottenburg ein und begann ein neues Leben. Als wer? Als die, die ich bin, selbstverständlich, als Lou Camille Nielsen, Madame Nielsen genannt. Und gleichzeitig begann ich das Leben eines anderen. Das hatte ich schon einmal getan: Vom 11. September 2001 bis zum 11. September 2002, genau ein Jahr, lebte ich das Leben des Professor Dr. Dr. Dr. der Semiotik Per Aage Brandt in seiner kleinen Vierzimmerwohnung hinter dem Hauptbahnhof in Kopenhagen. Damals trat ich ohne eigene Sachen oder sonstige Bagagen als nacktes körperliches Dasein – Leib, Seele und Sprache – über die Türschwelle in den neuen Lebensweltraum ein. Ein ganzes Jahr lebte ich in seinen Räumen, saß auf seinen Möbeln, schlief in seinem Bett, träumte seine Träume, trug seine Kleider, atmete sein Luft und verrichtete seine Notdurft, erledigte seine Korrespondenzen und gab bei der dänischen Parlamentswahl 2002 sogar seine Stimme ab. Per Aage Brandt hatte mich damals, als ich die Treppe emporgestiegen war, lebhaft an der Tür begrüßt und mir die Schlüssel übergeben, ich hatte seine Hand geschüttelt und seinen Körper gespürt, ihn gesehen, wie er sich an mir vorbei die Treppe hinunterbewegte, und das ganze folgende Jahr, umgeben von vielen sehr persönlichen Sachen dieses anderen, gelebt.

Diesmal begrüßte mich niemand, als ich an dem windigen, aber sehr warmen frühen Nachmittag im Juni 2019 mit meinem kleinen Rollkoffer, vollgestopft mit Kleidern, Büchern, Notizheften, Bleistiften und Toilettensachen über die Türschwelle in die Wohnung am Stuttgarter Platz trat. Niemand war da, nur Möbel, aber keine wahrhaft persönlichen Sachen, keine Fotografien, keine Briefe, keine Handschrift, keine besonderen Nippsachen oder Souvenirs, sogar Essgeschirr, Besteck, Handtücher und Bettwäsche waren so anonym wie möglich: von IKEA. Das einzig Persönliche waren die Adresse: Stuttgarter Platz 22, die wenigstens die Sozialklassezugehörigkeit von diesem unbekannten anderen, dessen Leben ich jetzt ein ganzes Jahr lang leben sollte, angab, und einige traditionelle afrikanische Skulpturen, Plakate und Malereien, die einen gewissen ästhetischen Geschmack andeuteten. Und dann waren da noch die Bücher: eine Bibliothek, vollgepackt mit mehreren Tausend Bücher, auf Deutsch, aber auch auf Französisch, Spanisch, Portugiesisch und Englisch. Und schließlich, oder als Erstes: der Familienname des anderen, der ich jetzt war, der auf dem Klingelschild am Hauseingang und auf dem Blechpostkasten stand: »Hillen«.

»Ich bin Hillen«, dachte ich, als wäre ich die Hauptperson in der revidierten Ausgabe von Max Frischs Roman *Stiller*. Doch anstatt die Geschichte meines Lebens zu erzählen, wandte ich mich dem Inhalt meiner Bibliothek und den drei Malereien zu, die wie ein Triptychon in dem langen Flur hingen, um mich zu porträtieren und in die europäische Geschichte einzumalen.

Das Gewicht der Tausenden von Büchern, die die Wände in meiner Bibliothek von dem Parkettboden bis zur Stuckdecke bedecken, ist bestimmt eine Tonne, meine Bibliothek ist buchstapellich des *white man's burden*, die Last der Europäer nach der Aufklärung und der europäischen Kolonisierung des Rests der Welt. Der Europäer, der ich bin, ist ein Bildungsmensch, ein von Büchern, Schrift und Sprache erbauter Bürger oder errichtetes Gebäude. Und ich: Was für ein Bildungsgebäude bin ich? Schau: Ganz unten auf dem westlichen Regal der Bibliothek, als Fundament meines Gebäudes und Geists, stehen Marx & Engels gesammelte Werke in 39 staubblauen, von der Zeit und dessen Licht verbleichten Leinenbände mit zwei »Ergänzungsbänden« und einem »Sachregister« mit 3410 Stichwörtern. Auf dem untersten Regal der gegenüberstehenden östlichen Wand befinden sich Lenins gesammelte *Werke* in 40 dunkelweinroten Lederbänden. Auf den Regalbrettern darüber: *Das Kapital, El Capital* und *Le Capital* in jeweils drei Bänden, mehrere Hunderte Bücher mit Kommentaren zu, Theorien über und Auseinandersetzungen mit dem Marxismus und dazu noch Biografien über Marx und Lenin, die gesammelten Werke und Schriften von Mao Zedong, Rosa Luxemburg, Che Guevara, Ernst Bloch und Sigmund Freud, Bücher von Fidel Castro, Feuerbach, Kropotkin, Lukacs, Adorno, Horkheimer, Habermas, Marcuse, Althusser, Gramsci,

Bourdieu und zahllosen anderen, weniger bekannten politischen Theoretikern, allesamt – von Agnes Heller und ein paar anderen ausgenommen – weiße europäische Männer, blasse Bildungsbürger, Aufklärungszeitgeister.

Ach, denke ich, wie ich hier stehe und mich in dem Spiegel der mehr als zweitausend Bücher sehe, dann bin ich doch kein besonderer, nur – um mit Pierre Bourdieu dort auf dem fünften Regal von unten zu sprechen – ein Zeichen meiner Zeit, ein Zeitgeist wie jeder anderer: der typische europäische Linksintellektuelle der sogenannten 68er-Generation, dessen *young white man's burden* und Schicksal es gewesen ist, nicht wie die Schüler in der Sowjetunion nur die gesammelten Werken Lenins und Marx zu studieren oder wie die chinesischen Studenten der Kulturrevolution nur Maos Gedichte, Reden und Schriften zu singen oder wie die Jugendlichen in der DDR nur Marx & Engels und Rosa Luxemburg oder wie die jungen Revolutionäre in Zentral- und Südamerika nur Ches und Fidels und Frantz Fanons gesammelten Reden zu lesen, sondern die gesamten gesammelten Werke von Marx, Engels, Lenin, Mao, Luxemburg, Castro, Che, Fanon usw. usf. zu studieren und zu kommentieren und zu memorieren. Ach!

Als 68er muss ich, denke ich hier vor dem Spiegel der Bücher stehend, Ende der Vierziger geboren sein, kurz nach dem Zweiten Weltkrieg und dem Freitod von Adolf Hitler, der, fällt mir plötzlich auf, nirgendwo zu erblicken ist: In keinem der Tausenden Bücher ist eine Spur vom Führer oder überhaupt von der Vergangenheit, von

Hitler, dem Nazismus, dem Dritten Reich, dem Holocaust, der Auslöschung von mehr als sechs Millionen Juden oder überhaupt etwas von der deutschen Geschichte. Keine Spur von Auseinandersetzung mit dem eigenen Vater und den gesamten »deutschen Väter«, diesen alten Nazisten und all den Millionen und Abermillionen, die nur schwiegen und weiterarbeiteten. Als wäre ich gar kein Deutscher, nur Europäer. Als gäbe es für mich keine Vergangenheit, nur Zukunft: die Revolution. Aber was für eine Revolution? Hier ist keine Spur von RAF, Meinhof und Baader oder von den Roten Brigaden, von Sendero Luminoso und der PLO. Ich bin also augenscheinlich kein Links*radikaler*, nur ein *bürgerlicher* Revolutionär gewesen und, ich stehe ja hier in meiner hochbürgerlichen alten Wohnung in Berlin-Charlottenburg, bin es auch geblieben. O Mann! Wieso Mann? Weil kein einziges Buch über die Frauenbewegung zu sehen ist, die ja genau gleichzeitig wie die 68er-Bewegung die ganze westliche Welt durchzog und bewegte. Nichts.

Dafür aber gibt es, denke ich hier vor dem Spiegel meiner Bibliothek stehend, dafür gibt es als Überbau zu meiner Basis aus europäischen politischen Denkern und revolutionären Führern in den oberen Regalen Hunderte und Aberhunderte von Büchern zur Befreiung und bevorstehenden Revolutionierung der ehemaligen europäischen Kolonien in Zentral- und Südamerika und – in meinem, wenn nicht persönlichen, dann, denke ich, allmählich doch spezifischeren Fall – Afrika: *Handbuch der Dritten Welt* in 8 Bänden; Leo Gabriel, *Aufstand der Kultur*; *Lateinamerika* in 6 Bänden; Eduardo Galeano, *Die offenen Adern Lateinamerikas*; Sven Lindqvist, *Land and*

Power in South America; Imperialismo, *Capitalismo Monopolista*; Salvador Allende, *Chiles Weg zum Sozialismus*; *El Salvador. Ein Land im Kampf um seine Befreiung*; Harrison, *Hunger und Armut*; Michael Brown, *The Economics of Imperialism*; Hampe, *Die ökonomische Imperialismustheorie*; Eppler, *Wenig Zeit für die Dritte Welt*; Leo Frobenius, *Kulturgeschichte Afrikas*; René Dumont, *L'Afrique Noir est mal partie*, Arghiri Emmanuel, *L'échange inégal*; *Die Arbeiterklasse in Afrika* usw. usf.

Als hätte ich, denke ich hier vor dem Spiegel stehend, statt in die Vergangenheitsbewältigung und die deutsch-europäische Geschichte des 20. Jahrhunderts mich in die Zukunft und die Revolutionierung der Welt außerhalb Europas gestürzt und mich damit auch vor den wütenden Frauen geflüchtet. Wenn nicht bewusst, dann habe ich – um mit Freud, dessen gesammelten Werke in elf rosaroten Bänder dort unten in der Basis stehen, zu sprechen – die sogenannte Dritte Welt immerhin unbewusst als eine von europäischen Kolonisatoren und von Imperialismus verschmutzte Tabula Rasa gedacht, wo ich als Deutscher und Europäer ein ganz neues Leben in einer neuen Welt anfangen konnte.

Aber wie?, denke ich hier vor dem Spiegel stehend: Was ist aus mir geworden, nun da ich als voll ausgebildetes Gebäude mit Basis und Überbau dastehe? Wie habe ich diese Tausenden von Theorien, die meinem Geist zum Bersten füllten, denn in körperlicher Praxis umgesetzt und realisiert?

Ich setze mich in Bewegung, öffne die weißen Flügeltüren und gehe hinaus in den Flur.

An den Wänden hängen drei Gemälde. Wie ein Triptychon!, denke ich. Alle drei Flügel von dem gleichen Maler gemalt, sein Name »A. M. BAN« unten rechts auf jedes der drei Bilder gepinselt, in den Jahren »98« und »99«, also den letzten beiden Jahren des 20. Jahrhunderts. Ach, denke ich, wenn das hier ein weiterer Teil des Porträts von mir und meinem Leben ist, dann sehe ich mich hier nicht mehr nur im trügerischen Spiegel der Schrift, nein, hier bin ich wahrhaft *bild*lich dargestellt, in der großen, christlich-europäischen Maltradition, nicht von einem mitgebrachten europäischen Hofmaler, nein, von einem der Einheimischen! Ein Triptychon auf billiger Leinwand, auf armen Rahmen gespannt, in klaren, unzweideutig frohleuchtenden Farben und in dem »naiven«, »unschuldigen«, »folkloristischen« und also »typisch« afrikanischen Stil, denke ich, keine »echte«, also abendländische Kunst, sondern einfache Volkskunst, die aber längst nicht mehr »authentisch« und »ursprünglich« ist, sondern die aufgeklärte europäische Kunst kindlich unbeholfen nachzuahmen trachtet; genau wie »wir« es uns vorstellen.

Fangen wir beim linken Flügel an: Ein kleines Dorf weit draußen, ein verwüstetes, dauertrockenes Land, wo die einfachen weißgetünchten und mit Wellenblech gedeckten Hütten auf der staubig braunen Erde stehen, ringsum keinerlei Straße, weder aus Asphalt noch Pflasterstein noch Fliesen, nur Staub und die paar kleinen dürren Bäumen; und weit im Hintergrund, wie im Traum oder in ferner Erinnerung, die grünen, hügeligen Berge. Den Vordergrund bildet der Dorfplatz, wie immer unter dem einen großen Baum, der in diesem Fall aber nicht der große mythologische Baobab, sondern nur ein dünner palmenähnlicher ist, unter dem nicht der traditionelle Dorfrat aus alten Kat kauenden Männer sich versammelt hat und wo auch nicht mehr, wie nach der Ankunft der ersten weißen Mannes, die Dorfbewohner tagelang herumlungern oder in Hängematten ihr Leben wegschlafen, aber ebenso wenig aneinandergekettete Sklaven, nein, vielmehr fleißig-lächelnde Menschen befreit arbeiten, mit nackten Händen natürlich, wie die Handwerker, die die afrikanischen Menschen zu sein geboren scheinen, nur die primitivsten europäischen Werkzeuge liegen hier und dort auf der nackten Erde herum verstreut: Schraubenzieher, Zange, Hammer usw., doch nirgends Möbel, nicht mal einen Hockern haben sie, die also immer noch glücklich Armen, die da knien, hocken oder sitzen, barfuß, auf dem Boden, gekleidet nicht in ihre »authentischen« Stammeskostüme, ganz im Gegenteil: Endlich sind sie von primitiven und unterdrückenden Traditionen und Stammeszugehörigkeiten befreit und zeitlos gekleidet in von europäischen Jungen abgenutzte Hosen, T-Shirts und kurzärmliche Hemden, die wahrscheinlich seinerzeit von ihren zur Fabrikarbeit befreiten Brüdern in Bangladesch und Pakistan mit den nackten Händen und Füßen angefertigt und gefärbt wurden. Alle sind sie Männer, keine einzige Frau, nur ein paar Jungs, es gibt augenscheinlich keine Ausbildung hier im Dorf, es geht direkt ab in die Produktion! Von was? Wie bekannt, sind der afrikanische Kontinent und dessen Einwohner dazu auserwählt oder verdammt, die kaputten Sachen, Maschinen, Chemikalien usw. nicht nur aus Europa und den U. S. A., sondern auch aus China und dem Rest der Welt wiederzuverwerten. In diesem kleinen Dorf setzen die jungen Männer brauchbare Teile von einfachen gelben, blauen, grünen Mopeds zusammen. Und damit sind sie glücklich. Fast alle lächeln sie vor sich hin, friedlich, keine Spur von antikolonialistischem Panafrikanismus, Bürgerkrieg, von Milizen oder den üblichen afrikanischen Diktatoren, nicht mal ein Bürgermeister, Dorfrat oder Häuptling ist zu erblicken, hier scheinen alle gleich und gleichwertig zu sein, niemand ist den anderen über- oder untergeordnet, dies ist die realisierte kommunistische Utopie, von der ich in all den Jahren zuvor während meiner Studien der Tausenden und Abertausenden von Büchern in meinem Basis- und Überbauregal geträumt habe. Nicht mal der dunkle Schatten eines weißen Mannes wirft sich über die Gesichter der jungen Männer oder in den Staub dazwischen. Es ist ideal. Fast zu ideal: Denn wo bin ich in dieser Zukunft? Habe ich oder hat man mich denn ganz *in* den Staub gemacht, exit weißer ghost?

Nur mit der Ruhe, denke ich, mal sehen: Die beiden anderen Flügel des Triptychons sind Stadtbilder. Auf dem rechten Flügel leuchtet ein Porträt des Alltags in einer kleinen Stadt: Im Zentrum die Hauptstraße, umgeben von zwei- und dreistöckigen Häusern im europäischen Stil, keine Kolonialpaläste, sondern einfache Kastenhäuser mit den im Süden üblichen Söller und unten drin kleine Läden zur Straße hin, keine Supermärkte, sondern traditionelle Handwerkstätten und Einzelräume, vollgestopft mit Stoff und Waren. Wie jede afrikanische

Stadt ist auch diese eine Buntheit von Leben, hier ein gelbes Taxi, dort und dort zwei von den bekannten afrikanischen Minibussen, die wie immer fast bersten vor schwarzen Körpern und unter dem Gewicht der gezurrten Bagagen und Kleiderbündeln zusammenbrechen, und in der Seitenstraße ein alter Lkw mit einer orangenen Plane über die prallvolle Pritsche gespannt. Hier in der Stadt herrscht noch eine letzte Spur von der klassischen, vom weißen Europäer eingeführten Hierarchie: Im goldenen Schnitt steht der Verkehrspolizist in seiner hellblauen, ein bisschen pyjamahaften Uniform mit Mütze und weißen Handschuhen, eine Signalpfeife im Mund, und dirigiert den Verkehr, der neben den erwähnten Fahrzeugen auch von einem Moped, einem Fahrrad und zahllosen Fußgängern bewegt wird. Im Vordergrund die Hauptszene: der Markt, keine Mall oder auch nur Markthalle, sondern der traditionelle afrikanische Markt unter offenem Himmel. Frohe Frauen und schwarze Mädchen in bunten Gewändern – eine mit einem winzig kleinen, glücklich schlafenden Buben in einem grünen Tuch um die Lenden gespannt – haben allerlei afrikanisches Obst, Gemüse und Wunder aus dem Umland zu Fuß in die Stadt getragen, auf riesigen Bambustellern, in Körben, wie immer in Afrika auf dem Kopf balancierend, und verkaufen das alles jetzt einander und den Stadtfrauen, die ihnen nicht überstehen, sondern ihnen wie Schwestern liebevoll zulächeln. Wir sehen gelbe Zitronen, kleine lila Fische sehen wir, weiße Zuckerhütchen, gelben Käse und Maisbrot, lange Weizenbrote, bunte Stoffe, Eier; ein Stadtbube in blauer Hose mit schwarzem Gürtel, blauem Hemd und muslimischem

Käppchen auf dem Kopf verkauft eine Schachtel Zigaretten an einen erwachsenen Büroangestellten, einen richtigen Herrn in grauer Hose, gelbem, offen stehendem Hemd und in schwarzen Herrenschuhen, und von hinten schiebt ein junger Mann einen von den typisch afrikanischen Zweiradwagen vor sich durch die Menge, und, ach, da vorne rechts ist ein grünes Auto schon wieder zusammengebrochen, die Passagiere sitzen immer noch drinnen und warten, während ein barfüßiger Mann mit aufgekrempelten Hemdärmeln und Schirmmütze sich tief in den Motor unter der aufgeschlagenen Motorhaube beugt und operiert. Auch hier ist kein weißer Mann zu erblicken, meinen Schatten aber sieht man: Die Zigaretten sind europäisch, die Ladenschilder sind auf Englisch und Französisch und werben für europäische und amerikanische Produkte: Marlboro Filter, Nescafé, Crown, Commercant Import – Export und sogar Centre Commercial steht über der Öffnung eines der kleinen Läden. Dieser rechte Flügel ist also nicht nur ein Porträt der afrikanischen Kleinstadt mit ihrem Marktplatz, sondern auch ein Bild der kolonialistisch-imperialistisch-kapitalistischen Marktökonomie. Ach, ja, denke ich und seufze sogar leise vor mich hin, hier alleine vor dem Triptychon in diesem finsteren Flur stehend, ach, ja, der Weg zu meiner erträumten Utopie ist dann doch immer noch weit.

Bis jetzt habe ich nur die *Zeichen* von mir auf diesem verdammten lichtüberfluteten Kontinent gesehen, aber, denke ich hier im finsteren Flur stehend, es wäre ja auch enttäuschend, ja geradezu abwertend, falls ich irgendwo in die Menge auf einem der beiden Flügel hineingepinselt wäre. Auch Christ, der wahre Erlöser, wird ja immer nur im Zentrum dargestellt. Und so nehme ich nun den letzten Schritt und komme vor der Haupttafel zu stehen. Hier im Zentrum dieses noch nicht ganz »post«-kolonialen Triptychons offenbart sich die Hauptszene und damit vielleicht nicht nur mein Ich, sondern auch der große erlösende Zusammenhang, das postkoloniale Utopia, das eine Umkehrung und Revolution und Überwindung der europäisch-christlichen Vorstellung von Afrika als »Heart of Darkness«, Armut, Hunger und primitiver Gewalt sein muss.

Szene ist die Hauptstadt des bisher namenlosen afrikanischen Landes: Im Hintergrund streckt sich die Stadt fast renaissancehaft hinaus zu den paradiesisch immergrünen und noch nicht und hoffentlich nie entwaldeten oder erodierten Hügeln und Bergen, die ganze Stadt wie für immer ohne weißen Wolkenkratzer, kein einziger Phallus von Gehry, Lloyd-Wright, Kolhaas oder Bjarke Ingels, fast nur ein- und zweistöckige Häuser und Wellblechbaracken, im Himmel nur weiche weiße Wolken, keine Spur von Flugzeugen, auch keine Teerstraßen, überall nur die staubrottrockene Erde, auch hier die gelben Autos mit Gepäckbündeln auf den Dächern, schwer beladen, Barfußgänger und einzelne Fahrräder, ein Lkw mit von winkenden Arbeitern überquellender Pritsche biegt in eine Seitenstraße ab, und ganz vorne, als Ausnahme vom alltäglichen Leben, das Wunder: die Menge, die Masse, nein, denke ich plötzlich, das Volk!

Aber ruhig, denke ich hier vor dem Altarbild in dem finsteren Flur stehend, ganz ruhig wollen wir uns zur

Erlösung hin aufbauen: Ganz links das anscheinend einzige dreistöckige Gebäude der Stadt und des Landes, kein Palast, eher ein einfaches Bürogebäude, die gesamten Büroarbeiter (oder ist es die versammelte Zentraladministration des Landes, die hier auf den Balkon hinausgetreten ist, nicht, damit ihr gehuldigt wird, nein, um ihrem Volk zu huldigen!) schauen hinunter auf die Straße, und da, das Wunder, der umgekehrte Karfreitag: die Volksmenge! Keine wütenden Juden, sondern friedliche und offensichtlich unorthodoxe Afrikaner, lächelnd, aufgeregt, mit im Jubel weit aufgerissenen Mündern und wedelnden Armen; viele sind barhaupt, nur manche haben (ach, denke ich, lieber Gott, hast du mich verlassen!) ornamentierte muslimische Käppchen (aber, denke ich erleichtert seufzend, keine verschleierten Frauen!), die Mehrheit aber, die sich alle in der linken Ecke des Bildes schart, hat weiße Werbungskäppchen auf und trägt weiße T-Shirts der Organisation »giz«? »COOPERATION Guinée-Allemagne« steht auf Französisch quer über den weißen Männerbrüsten; wir sind also, denke ich, in der ehemaligen französischen Kolonie Guinea in Westafrika, die jetzt durch eine revolutionierende guinea-deutsche »Cooperation« befreit geworden ist, und offensichtlich sogar genau im Augenblick der großen Befreiungsfeier, denn zentral in der Menge, wie Pontius Pilatus, aber ohne römische Präfektenkappe, hebt der lokale Häuptling oder Bürgermeister oder Präsident oder Priester-Mullah in weißer Tracht und mit goldenbuntem Käppchen auf dem Kopf seine rechte Hand und grüßet da, im Augenblick vor dem Umarmung – ja! endlich hier kommt er: Messias! –, den weißen Mann, der bloß, ganz ohne Spur von Kreuz und Nagel, Blut oder Essigschwamm und nicht wie Christ unchristlich abgemagert und leidend unrasiert, ein deutscher Bürokrat in weißem Hemd und schwarzem Anzug ist (die drei Knöpfe auf dem rechten Anzugsärmel leuchten diamantisch!), arisch blond mit sonnengeröteten Wangen und blendend weißen, perfekt aufgereihten Zähnen in seinem lächelnden Mund. Er hebt seine beiden Arme zum Gruß oder zur Segnung über den Häuptling und sein Volk, und hinter ihm steht wie dem Gott der Sohn zu seiner rechten Seite, nicht mehr sitzend, sondern vom himmlischen Thron aufgesprungen, der Assistent, der natürlich längst nicht mehr wie damals über dem Staub Golgathas auf dem Kreuz aufgezerrt und gemartert ist und natürlich auch nicht wie der bürgerliche, ja bürokratische Allmächtige kurzgeschoren ist, sondern seine blonden Locken bis über den Ohren (aber auch nicht länger! Kein Pferdeschwanz und kein christlich-hippielicher Bart!) und eine leichte graue Jacke trägt, eine schwarze Hose, weißes Hemd und, o Gott, eine schmale gestreifte Krawatte. Auch er hebt seine beiden Arme im Jubel, seinen Augen strahlen, sein Mund weit weiß blendend aufgerissen, hochjauchzend in Freude wie, so sieht es aus – aber das Triptychon ist ja keine live&direct-Transmission auf Youtube, sondern ein in der großen, alten, ehrwürdigen christlich-europäischen Tradition stehendes Gemälde, Öl auf Leinwand, so können wir's nicht wissen, aber glauben – wie das afrikanische Volk, das sich um ihn drängt.

Und der heilige Geist? Diskret, ganz links im Bilde, unten an der Hauswand des Gebäudes, das, wie erwähnt, weder Palast noch Kathedrale, lediglich ein fast erschütternd praktisches und einfach-anonymes afrikanisches Administrationsgebäude ist, gelb und ohne Turm, ja sogar mit Wellenblech gedeckt, steht er, der dritte weiße Mann, der Heilige Geist, der aber eher wie ein blasser Affe und *geistlich* Behinderter aussieht: Seine Gesichtshaut ist bleich, fast gelb wie die Hauswand, seine Lippen sind aufgeschwollenen, seine Nase ist breit und afrikanisch flach, seine Stirn viel zu hoch, aber auch er ist, wie der Vater und der Sohn in seinem Rücken, in schwarzen Anzug und weißes Hemd gekleidet, und mit gehobenem linkem Arm zeigt er auf eine Tafel, oder ist es sogar eine Malerei? Neben ihm und vom Bildrand brutal abgeschnitten, in einem einfachen grauweißen Hemd, die Hände nicht gen Himmel geworfen, sondern fest in die Hosentaschen gesteckt wie am Ende des *Werk*tags, steht einer der lokalen Afrikaner. Ist es vielleicht, wie Velazquez damals am spanischen Hof, als er die Mesinas im Jahre 1656 porträtieren sollte und sich selbst ganz diskret hineingemalt hat, der Maler »A. M. BAN« himselbst?, frage ich mich. Und das Bild, das sie anschauen, das tatsächlich das mittlere von dreien zu sein scheint (aber mit Holzrahmen, braun), ist es *das Bild*, also dieses, vor dem ich jetzt stehe und auf dem ich wie der Gottessohn Christ dargestellt bin und das ich Ihnen, meine verehrten Leser und Jünger, jetzt zu beschreiben versuche, leicht allegorisch, wie ein vorbildliches Gleichnis? Ach, denke ich, lieber Gott, was mehr hätte ich mir vom Leben wünschen können – das, was wir hier in diesem

Bilde, auf diesem Triptychon bezeugt wird, ist also die vollbrachte Hoffnung und Vision, denn das Himmelreich ist »ἤγγικεν«, wie Jesus sagt, aus dem Aramäischen ins Griechische übersetzt, im neunten Vers des zehnten Kapitels des Lukasevangeliums und in Matthäus 3,2 und 10,7 und in Markus 1,15: Das Reich Gottes ist *»an der Hand«*, jetzt & hier zum Greifen und Begreifen nah, von keinem europäischen Meister gemaltes und dargestelltes, weder von Michelangelo, Raffaello Santi, da Vinci, Rembrandt, Bruegel noch Picasso, sondern von einem *Nicht*europäer, einem Afrikaner, unser aller *Anderem*, und nicht im Auftrag von uns, sondern als Hingabe & Geschenk für den Sohne: JA!, denke ich, nein, rufe ich jetzt, hier alleine im finsteren Flur stehend, der jüngere weiße Mann hinter und zur rechten Seite des Vaters, das bin ICH, INRI – oder wie es auf dem immer so enttäuschend leeren und hohlblechern hallenden Briefkasten draußen im Treppenhaus steht: »Hillen«.

Der Ring der Geschichte hat sich geschlossen, das Werk ist vollbracht, *the white man's burden* hat sich in ein Geschenk, in eine Hingabe verwandelt: Nachdem ich als junger deutsch-europäischer Mann und zukünftiger Intellektueller in den späten 1960er- und 70er-Jahren das gesamte Pensum der europäischen und allerweltlichen Revolutionstheorien durchgelesen und mir einverleibt und mich selbst damit dialektisch-materialistisch auseinandergesetzt habe, nachdem ich nach dieser Basis meines Gebäudes auch den postkolonialen Überbau exzerpiert und mich danach auch noch in Bewegung gesetzt habe, hinaus in die Praxis, hinaus aus Europa und hinein in die Arme der armen Dritten Welt, in die Wüste wie Christus, hinausgewandert bin und mich dort auf dem Kreuz der Ausgebeuteten und Versklavten geopfert habe, bin ich jetzt, am Ende der Geschichte, wiederauferstanden und zurück nach Europa, Kontinent meines verschwiegenen Vaters Landes, gekommen und habe mir hier in meiner Hochparterrewohnung über dem Platz in der Hauptstadt das Triptychon, dies Geschenk des dankbaren Menschen der (afrikanischen) Erde, im zwar finsteren, aber dafür einfachen, demütigen Flur aufgehängt, sodass ich jeden Tag, morgens, mittags und abends, sogar nachts (und wenn ich dazwischen manchmal urinieren gehen muss), wie der Mönch zur Vigil im Vorbeigehen hinaufschaue und mich vielleicht kurz hinknie und sage: Ja, endlich, hier bin ICH!

ABER, denke ich, weil hier in Europa ist allem für immer ein Aber angehängt, jetzt, wo ich hier am Ende der Geschichte dargestellt bin als der Erlöser der Versklavten der Welt, der ich bin, stellen sich sofort all die Fragen, ach, wie die Sintflut stürzen sie als europäische Zweifel über mir ein: Ist das Werk auch wirklich vollbracht? Habe ich den Auftrag, den mir nicht der Einmalige Vater, sondern meine gesamten europäischen Geistesväter seit der Französischen Revolution und der Aufklärung gestellt haben und den ich auf meinen Schultern als *the white man's burden* hinaus in die verwüstete Welt getragen habe, auch wirklich erfüllt? Haben wir, ich und meine Jünger, wahrhaftig die Versklavten der Welt befreit und ihnen ein neues Reich auf Erde errichtet? Ist das, was ich, was wir letzten Endes hier auf dem Triptychon sehen, genau das, was wir und unsere europäischen und jenseits-europäischen Revolutionsväter – von Marx über Lenin zu Mao und Che und zurück nach Europa zu Adorno, Horkheimer und Gramsci – uns vorgestellt und erträumt haben?

Nun ja, die auf dem Altarbild versammelte Menschheit aus People of Color ist ja immerhin und offenbar, denke ich, nicht mehr versklavt und nicht mehr nur befreit, sondern frei und darüber hinaus hochjauchzend von Freude erfüllt und auch nicht unterwürfig, sie werfen sich nicht in den Staub vor Gott und den Sohn, im Gegenteil, sie – oder ihre Repräsentanten und Priester – stehen ihnen gleichwertig gegenüber und werden sie im nächsten Augenblick umarmen, als gäbe es im Paradies der Erde keine Hierarchien mehr, auch Gott und sein Sohn sind hier am Jüngsten Tag nur zwei Menschen unter Menschen!

Man könnte natürlich mit klassischer, aber jetzt bitte sich erübrigt habender und einfach sinnlos gewordener europäischer *Skepsis* einwenden, dass die hier versammelte Menschheit immer noch einen Repräsentanten – einen Mullah, Bürgermeister, Präsidenten oder was auch immer – hat, dass die Menschheit auf dem Bild gewiss aus lauter freien Schwarzen besteht, dass aber Gott und Sohn und sogar der beiseitegestellte Heilige Geist immer noch Weiße, und dazu noch Männer, sind, dass die Sprache auf den Schildern keine authentische, sondern eine europäische, die Sprache des Kolonialismus und des Imperialismus, ist und dass die Gebäude, die Stadt und deren Architektur auch immer noch von Europa beeinflusst sind und dass das Bild, das Triptychon – als letzter und vielleicht als wichtigster Punkt, als blinder Fleck –, zwar von einer der Befreiten, jetzt Freien, gewiss farbenfroh naivistisch-authentisch verwirklicht worden ist, aber *immer noch* in der großen christlich-europäischen Tradition steht und nicht in einem afrikanischen Nationalmuseum, sondern, wie fast die gesamten Kunst- und Kulturgegenstände der Dritten Welt, von den Kolonisatoren geraubt und hier in einer europäische Privatsammlung aufgehängt worden ist, ABER, rufe ich, aber für wen? Hier ist ja niemand außer mir.

Und all das, diese jetzt sinnlose, hinter uns gebrachte und verdammte europäische Skepsis ist doch gegenüber dieser wahrhaften *Freude* der gesammelten, befreiten Mensch- & Gottheit nur ein winziges Detail – letzten Endes brauchen wir doch bitte diese verdammte europäische Skepsis nicht mehr! Oder?

ODER? Jetzt, da ich hier im finsteren Flur meiner Wohnung im bürgerlichen Charlottenburg-Berlin-Deutschland-Europa vor dem Bild der Vollendung der in Afrika realisierten Utopia stehe, fällt mir auch der blinde Fleck der Repräsentation und also jeder Darstellung und damit die Frage nach der Wahrheit in der Geschichte der Bildenden Künste ein: Ist es wirklich wahr? Ist das, was ich sehe, die Wahrheit? Letzten Endes ist es ja von einem Menschen gemalt, zwar nicht wie damals in der alten weißen Welt von einem unterwürfigen weißen europäischen Hofmaler, sondern von einem der neuen freien Menschen mit dunklerer Hautfarbe. Aber immerhin: Auch der ist wohl nur ein Mensch, und nur einer unter den vielen, mit seinem eigentümlichen Blick und Willen und seiner Vorstellung und damit Welt. Und überhaupt: Wer ist der? Warum hat er dieses Bild gemalt? Aus eigener Inspiration wie die Romantiker? Oder in einem Auftrag wie die Hof- und jetzt Markt- und Staatsmaler? Also im Auftrag der Bürgermeister-Priester-Präsidenten? Oder im Auftrag des weißen Mannes und also der deutschen Regierung und ihres Außenministeriums? Oder steht das Bild sogar in der Grauzone der Diplomatie, denn letzten Endes hängt es ja hier in meinem Flur, ich habe es, so stelle ich es mir vor, als Geschenk bekommen, als Hingabe, als Zeichen der Dankbarkeit des Malers. Ist doch letzten Endes das, was ich hier sehe, kein Bild von Afrika, sondern ein Bild von DEUTSCHLAND, von den Deutschen am Ende der Geschichte des 20. Jahrhunderts, von UNS, den einst so nazistisch judenvernichtend Bösen, jetzt genauso aufdringlich und, ja imperialistisch christlich Guten, die den armen Völkern der Welt immer noch ein besseres, ein *gutes* Drittes Reich aufdrängen wollen, voll von unseren christlichen, deutschen Werten und Waren und Vorstellungen vom guten Leben. Ach!, denke ich, diese verdammte Geschichte, hört es den nie auf!

Und dann, eines schönen Tages Morgen, klingelte es an der Tür. Ich riss mich von der Betrachtung des Triptychons los und ging durch den finsteren Flur zur Tür und öffnete sie. Und da, wie aus dem *Bild* getreten, stand er vor mir: der andere, der ich war, nur zwanzig Jahre älter, hinfälliger und mit einem üppig-zufriedenen Spitzbauch (vom afrikanischen Bier, dachte ich), wegen des kälteren Klimas in einer freudig-roten Jacke und – trotz dieser ganzen grausamen Kolonialgeschichte – immer noch so unschuldig froh lächelnd. »Hallo«, sagte er, »ich bin Hillen!« Aber statt ihm, also mir, endlich in die Augen zu schauen, blickte ich über seiner Schulter hinweg, denn dort, hinter seinem Rücken, stand sie, klein, aber voller Selbstbewusstsein und – obwohl deutlich jünger als er, ja, sie konnte seine Tochter sein – von seiner ewigen Naivität befreit: seine aus der Kolonie heimgebrachte glänzend schwarze afrikanische Frau. »Hallo«, sagte ich zu meiner Frau, »Frau Hillen, I presume?«

*

Tiefe Mathematik

An einem späten Abend mitten im Sommer, es war Ende Juli, lag ich in meinem großen Bett in meiner herrschaftlicher Wohnung am Stuttgarter Platz in dem alten ruhigen Westberlin und freute mich auf den schönen Schlaf. Dann aber, als ich langsam hinunter ins Traumwasser sank, bemerkte ich, als stiege es wie Minimalmusik allmählich aus der Stille empor, dass jemand in der Wohnung über mir drei oder vier Schritte in die eine Richtung, dann, nach einer kurzen Pause, in der er oder sie sich wahrscheinlich umdrehte, wieder drei oder vier Schritte in die andere Richtung ging, usw. usf. Jemand übt, sehr diszipliniert, sehr deutsch, dachte ich, Tanz oder vielleicht ist es eine Art Workout? Und wirklich, sehr diszipliniert: Pausenlos, rhythmisch, eine halbe Stunde, eine ganze verging, irgendwann musste ich doch im Schlaf untergegangen sein und wachte erst am frühen Morgen wieder auf und lag zuerst immer noch dösig und lauschte dem Vorbeirollen der Autos unten auf dem Platz, erst über Asphalt, dann die knusprige Musik von Reifen über Pflasterstein, ein Rollkoffer ratterte vorbei, das Klirren von Tellern oder Aschenbechern, die der asiatische Gehilfe gegenüber beim Café im Morgensonnenlicht auf die braunen Tische stellte; und dann fing es über mir wieder an: drei oder vier Schritte, kehrt!, drei oder vier Schritte, kehrt!, usw. usf. Der – oder die – ist ja verrückt, dachte ich, keine gentrifiziert disziplinierte Tänzerin oder Fitnessbesessene, sondern eine Verrückte! (Aber waren sie *letzten Endes* nicht immer so, dachte ich, die Deutschen: Am Anfang immer sehr diszipliniert, Ordnung muss sein, früh aufstehen und sofort ans Arbeiten, Arbeitsbeschaffungsmaßnahme, und in wenigen Monaten im Frühling 1944 mehr Beton und Bunker durch ganz Westjütland und die ganze Nordseeküste hinunter, von Skagen bis an die Grenze, geschafft, was die Dänen in den jetzt fast 75 Jahren danach noch nicht geschafft hatten, und aber dann, wie Hölderlin, wie Nietzsche, die größten deutschen Genies der Weltgeschichte, von einem Moment zum andern in den Wahnsinn, in die tiefe Nacht hinunter und hinein*gestürzt*?!) Ich stand auf, machte meine eigene Übungen, die aber, undiszipliniert, nur etwa zwanzig Minuten dauerten, kochte Haferbrei, aß ihn im zarten Morgensonnenlicht auf dem Balkon, putzte meine Zähne und setzte mich an die Arbeit. Unmöglich, dieser Wahnsinn auf dem Parkettboden über mir: drei oder vier Schritte, kehrt!, drei oder vier Schritte, kehrt! usw. usf. Ich seufzte, stand auf und stieg die für mich als Ausländerin aus der ärmeren nördlicheren Provinz Ehrfurcht erregend prachtvolle, kaiserlich-deutsche Treppe hinauf in die erste Etage und klingelte, lauschte, jemand bewegte sich, drei oder vier Schritte, kehrt! drei oder vier Schritte, kehrt!, ich klingelte noch mal, schlug mit der Faust auf die ornamentierte weiße und nicht minder Ehrfurcht erregende deutsche Tür, und endlich wurde sie, aber nur einen Spaltbreit, aufgemacht und ein verschwitzter junger Mann, oder eher großer Junge, so sechzehn Jahre alt, Gymnasiast, dachte ich, in schwarzer Jeans und schwarzem T-Shirt und mit vom Schweiß klebrigen Haaren und wilden Augen starrte heraus. »Entschuldigung«, flüsterte ich, »aber ich wohne einen Stock tiefer und versuche gerade zu arbeiten, es ist aber unmöglich mit diesem ... Können Sie nicht irgendwo anders, im Park oder im Trainingscenter, Ihre Übungen ausführen?« »Ich weiß«, sagte er, »bin bald fertig.« »Gut«, sagte ich, »sehr gut«, und stieg wieder die Treppen hinunter ins Hochparterre und setzte mich an die Arbeit. Nach einer halben Stunde fing es wieder an: drei oder vier Schritte, kehrt!, drei oder vier Schritte, kehrt! Ich seufzte, stieg wieder hinauf, klingelte, schlug, jetzt auch mit flachem Hand, auf das Holz, klatschte. Die Tür ging auf, der Junge starrte heraus. Verstört, dachte ich, der verstörte Student, einer der Verstörten, Besessenen aus Dostojewskis Romanen, wie heißen sie alle, diese magersüchtigen, blassen, wildäugigen mörderischen Nihilisten, Ippolit, Stawrogin, Iwan Iwanowitsch, Rodion Raskolnikow ... »Hallo«, sagte ich leise, »darf ich kurz hinein?« Ich trat ein, er starrte, wilde Augen, besessen. »Sie brauchen Hilfe«, sagte ich. »Ja, ich bin ein bisschen durcheinander«, murmelte er, »ich komme irgendwie nicht ins Arbeiten.« »Nein«, sagte ich, »wie heißen Sie?« »Felix«, sagte er. »Wie alt sind Sie?« »23«, sagte er. »23?!« »Ja. Eigentlich müsste ich jetzt mein Masterarbeit schreiben, aber mein Professor hat mich aufgefordert, auch noch diese Stelle als Studentische Hilfskraft anzunehmen, und jetzt ...« »Wird es Ihnen zu viel.« »Ja«, seufzte er. O Gott, dachte ich, jetzt fängt er gleich an zu weinen! »Ich bin ein bisschen durcheinander«, schluchzte er,

»ich weiß nicht, wie ich weiterkomme in der tiefen Mathematik, plötzlich, seitdem ich in Holland gewesen bin, habe ich keinen Gespür mehr dafür.« Tiefe Mathematik, dachte ich, hört sich ein bisschen dunkel, gefährlich an, tiefe Mathematik, Blut und Boden, schwarze Wälder und Roggenfelder, ich hörte schon das Lied von dieser ziemlich, ja recht radikalen urdeutschen Darkwood-Band vor meinem inneren Ohr: »Wenn ich steh in fernem Land / Und seh der Felder Wogen und der Wolken Band / Dann sehn ich mich ins Heimatland / Verachte, wer die Heimat nie gekannt!« »Vor ein paar Jahre habe ich eine Artikel über Verkehrsplanung geschrieben, und immer noch fordern mich Leute in den sozialen Medien auf, mehr darüber zu schreiben, aber es ist schon zwei Jahre her, und …« »Alles auf einmal zu viel?« »Ja«, zitterte er. »Sind Sie alleine, Ihre Eltern oder Familie sind nicht zu Hause?« »Die Eltern sind gestern in den Urlaub gefahren, nach Norwegen, und meine Schwester, sie ist in Göttingen.« »Aha«, sagte ich, »setzen wir uns lieber!«, und trat schnell tiefer in den Flur hinein. Die Wohnung war genau wie die meinige, herrschaftlich, deutsch, ein langer Flur, Parkettböden. »Ich denke, wir rufen Ihre Eltern an.« »Sie sind gerade im Auto unterwegs!« »Kein Problem«, sagte ich, »in dieser Zeit laufen alle Menschen ja ständig überall mit ihrem Handy in der Hand herum, rufen Sie nur an.« Er nahm zögernd sein Handy aus der Tasche, ziemlich übel zugerichtet, vom allgemeinen Durcheinandersein, vielleicht. Er tippte, wartete, eine automatisierte Frauenstimme fiepte. »Nein«, sagte er. »Und es ist die richtige Nummer?« »Jaaa«, sagte er zögernd, »ach, ich habe keinen Akku mehr!« »Vielleicht könnte ich …?« »Aber dann müsste ich erst mal die Nummer suchen.« »Tun Sie das!« Er ging vor mir den Flur hinunter zu seinem Zimmer, ein Studentenzimmer, unästhetisch, praktisch, sehr deutsch, und nahm das Haustelefon in die Hand. »Haben Sie auch ein Stück Papier?« Er ging nach nebenan in ein helleres, mädchenhafteres Zimmer, rosa, orange, pastell, in der Ecke stand eine Cello. »Es ist das Zimmer meiner Schwester.« »Sie spielt Cello!« »Ja, früher, jetzt studiert sie Medizin, in Göttingen.« »Sie wohnt hier gar nicht mehr?« »Nein.« »Aber ihr Zimmer ist immer noch so wie damals, als sie hier noch wohnte?« »Ja.« Er nahm ein kleines weißes Blatt, wir setzten uns in die Küche, an den Esstisch, mittendrauf lag eine blau-weiße Fayencekachel, Geschenk für die Mutter, dachte ich, von dem einzigen Sohn aus dem Ausland heimgebracht, »Oostpoort, Delft« stand in geschnörkeltem Delft-Blau darauf. Dann fing er an zu reden, wie ein Besessener, aber kein Nihilist, im Gegenteil, ein Gläubiger, ein Gläubiger – wie Hölderlin damals kurz vor dem Turm, wie Nietzsche angesichts des ausgepeitschten Pferdes – in einer plötzlichen und lebensbedrohlichen Glaubenskrise, ein Verzweifelnder. Er hatte schon seinen Bachelor in Mathematik an der Technische Universität hier in Berlin abgeschlossen und war die ganzen Jahre über von seinem Professor gefördert worden und dann, vom Professor dazu aufgefordert, für ein Jahr zum Studium an die Technische Universität in Holland gegangen. »Und das war ganz anders«, sagte er. »Die Holländer nehmen es alles nicht so genau, auch nicht die Mathematik, sie sind viel lockerer.« »War es gut in Holland?«, fragte ich. »Ja, eigentlich sehr«, er möge die Holländer, wie es dort gewesen sei, viel gelassener, offener, nicht so strikt, so streng, so arbeitsbeschaffungsmaßnahmerisch wie hier in Deutschland, wo alle nur an das eine denken könnten, die tiefe Mathematik, sonst nichts, die hätten kein Interesse an Politik, an Verkehrsoptimierung oder sonst was. Ob er gerne zurückwolle, raus, nach Holland? Ja, und doch, nein, dies, Deutschland, war schon sein Zuhause. Ach, dachte ich. Und jetzt, wo er wieder zurück in Deutschland war und seine Masterarbeit schreiben sollte, kam er irgendwie nicht mehr in die tiefe Mathematik hinein oder – was weiß ich – hinunter. In Holland hatte er auch begonnen, sich ein bisschen für Politik zu interessieren, ja für die Welt, er wollte gerne etwas mehr schreiben, über Verkehrsplanung, aber nicht nur, sondern auch einen Schritt weiter in die Zukunft, von Verkehrsplanung zu Verkehrsoptimierung … aber jetzt, da er wieder hier in Deutschland war, war er, war alles etwas durcheinander, plötzlich könnte er sich die Zukunft nicht mehr vorstellen. »Wieso wohnen Sie denn immer noch hier«, fragte ich, »bei Ihren Eltern?« »Ja«, seufzte er, »es war ein bisschen schwierig nach diesem Studienjahr in Holland«, und wieder in Deutschland sei er deshalb bei den Eltern eingezogen, »aber nur für ein Jahr«, sagte er, »das letzte«, nur bis er sein Masterarbeit fertiggeschrieben habe. Wir riefen erneut seine Eltern an, und plötzlich: eine weibliche Stimme. »Kann ich bitte mit ihr sprechen«, fragte ich und nahm das Telefon. »Hallo«, sagte sie, »ich bin Hildegard.« Ich sagte, dass Felix nicht alleine sein könne. »Meinen Sie wirklich, wir sollen umkehren und zurückfahren?« »Oh«, sagte ich, »ich will ja nicht, dass

Sie Ihren Urlaub abbrechen, und Felix, das hat er mir erzählt, fährt ja am Wochenende zu seiner Schwester nach Göttingen, um sich dort ein bisschen zu erholen, aber bis dahin ...« »Ich glaube, ich muss mit meinem Mann sprechen«, sagte sie. Er redete indes weiter, unaufhörlich, wie ein Besessener, verzweifelt, verschwitzt, klebrige Haare, brennende Augen. »Haben Sie überhaupt was getrunken?«, fragte ich, »essen Sie, haben Sie überhaupt was?« Auf dem Tisch stand eine Glasschale mit allmählich dahinsterbenden dunklen Trauben. Auch im Studienraum, im Keller unter der Uni – ach, schon wieder ein deutsche Bunker!, dachte ich –, laufe er ruhelos hin und her, sagte er, und wisse nicht, wie er weiterkommen solle, es sei ja nicht nur jetzt, sagte er, sondern überhaupt, immer, sobald es mit dem Denken anfange, müsse er gehen. Er sah aufs Telefon, die Schwester hatte angerufen. Wir riefen sie an, ihre Stimme war klar, eine junge Frau, dachte ich, zukünftige Ärztin! Ich nahm das Telefon, »Felix muss unbedingt zu Ihnen kommen«, sagte ich, »heute schon, oder spätestens am Wochenende, ich kann ihn hier nicht alleine lassen.« Ich sagte, sie solle mit ihm in Verbindung bleiben, »jeden Tag, bitte!« Der Vater rief auf dem Handy an, jetzt hatte es offensichtlich wieder Akku. »Hallo, ich bin Hubert, oder auch Hubi«, sagte er. »Hubi?!«, sagte ich. »Das ist ganz normal«, sagte Hubi, »auch mit anderen Untermietern hatten wir früher bereits Probleme wegen seinem Gehen. Manchmal, wenn er über einem mathematischen Problem brütet, wenn er neue Ideen hat und sie entwickelt, muss er gehen, hin und her.« »Ja, aber das hier ist nicht mehr normal«, sagte ich, »Felix hat gar keine neuen Ideen, im

Gegenteil, Felix weiß nicht, wie er weiterkommen soll, mit den Studien, mit der Zukunft, er geht unaufhörlich«, sagte ich, »den ganzen Abend, die ganze Nacht, den ganzen Vormittag.« Plötzlich dachte ich an Thomas Bernhard, seine wahnsinnigwerdenden Protagonisten, immer Philosophen oder Philosophierende, die nicht weiterkommen, nicht weiterwissen, all diesen Verstörten, all diesen Besessenen, mit ihren Zetteln, Notizen, all diese österreichischen, aber im Grunde und durch und durch zugrunde gehend deutschen Untergeher. Mittlerweile hatte Felix das Telefon an sich genommen und sprach mit seinem Vater, Hubi, der offensichtlich Schullehrer gewesen war, jetzt aber seit Langem schon in Rente. »Ich habe ja auch Ulrich«, sagte Felix zu seinem alten – uralten, dachte ich, vielleicht war er damals, im Krieg, schon dabei? – Vater. »Ulrich?«, fragte ich, »wer ist Ulrich?« »Ein Freund«, sagte er. Ah, Gott, dachte ich erleichtert, der Junge hat Freunde, er ist nicht völlig autistisch! »Ein Freund aus der Uni?« »Nein«, sagte er, »ein Freund des Hauses, ein Freund meiner Eltern, er schreibt Bücher.« Ach, dachte ich, also doch kein *richtiger* Freund, nicht *sein* Freund, ein Freund der Eltern, noch ein deutscher Vater! »Und der Hausfreund, Ulrich, über was schreibt er seine Bücher?« »Über Verkehrsplanung.« »Auch über Verkehrsplanung?!«, rief ich. »Ja«, sagte er. O Gott, dachte ich, Deutschland!

Als ich die Treppe hinunter ins Hochparterre ging, lief er fast hinter mir, wie ein Hund, ein Besessener, nicht mehr verzweifelt, sondern eifrig, fiepend, »wir müssen weiterreden, Frau Nielsen, über alles, Mathematik, Politik«, bellte er mir, sich über das Geländer nach unten lehnend, hinterher, »Sie müssen mir über Ihr Schreiben, Ihre Romane erzählen!« »Ja«, sagte ich, »selbstverständlich.« Und schlug die Tür hinter mir zu. (Und so halte ich, immer noch, die Deutschen aus.)

*

Deutsche Zeitgeister

An einem windig-grauen Wintertag im Jahre 2018 habe ich ein Rendezvous mit Dr. Marc Jongen, dem Philosophen und Geistesmenschen der Alternative für Deutschland, Schüler des philosophischen Helden meiner Jugend Peter Sloterdijk und frisch gewähltes Mitglied des Bundestags. Als Treffpunkt hat Dr. Jongen das Café Alpenstück in Berlin Mitte vorgeschlagen, »dort ist es ruhig«, schreibt er, »und man kann auch ganz gut schwäbisch-bayerisch mittagessen.«

Zu Beginn meines Verführungsakts hatte ich ihm erzählt, dass ich Schriftstellerin und Leiterin einer europäischen Kooperation von fünf großen Staatstheatern sei, davon drei Nationalbühnen. In meiner Inszenierung wolle ich jene Visionen des eigentümlich Nationalen auf die Bühne bringen – das eigentümlich »Deutsche«, »Dänische«, »Schwedische«, »Katalanische« und »Serbische« –, die in diesen Jahren und besonders nach dem Flüchtlingsstrom, der sich 2015 durch den Kontinent zog, von immer mehr Bürgern der europäischen Länder gepriesen würden. Ich wolle diese Nationalträume ohne Ironie, Kritik oder noch so geringe Skepsis zeigen, exakt so, wie die Nationalgesinnten sie selbst sähen.

Die Woche zuvor hatte Dr. Jongen auf Einladung des Hannah Arendt Center am renommierten Bard College in New York einen Vortrag auf der Konferenz »Crises of Democracy« gehalten. Darauf, dass dieser »extreme Rechtspopulist« überhaupt am Bard College hatte sprechen dürfen, hatten über fünfzig prominente Akademiker aus aller Welt, unter ihnen die Genderforscherin Judith Butler sowie die politischen Philosophen Étienne Balibar und Axel Honneth, mit einem Protestschreiben reagiert. Mit einem Mal war Jongen, der unter dem Motto »Der Wille zu Zorn, Stolz und Selbstbehauptung« eine neue »konservative Avantgarde« proklamiert hatte, zu einem der meistdiskutierten Philosophen der Gegenwart avanciert.

Kaum haben wir an einem Tisch im hintersten, dunklen Eck des Cafés Platz genommen, fängt er schon an, genau wie ich es von den Dänischgesinnten der heimischen Dansk Folkeparti gewohnt bin, über all das zu reden, was »aus eigener Sicht« in die falsche Richtung laufe und als Allererstes gestoppt werden müsse.

»HALT!«, sage ich, »warum reden Sie immer nur von dem, was Sie *nicht* haben wollen?« »Wir sind eben eine Protestbewegung«, entschuldigt er sich, »ich versuche nur zu erklären …« »Ja«, sage ich, »aber Sie wollen hoffentlich auch noch was anderes als bloß Protestieren und Neinsagen und Grenzenziehen – es muss doch auch eine Vision geben?! Was ist dieses ›Eigene‹, von dem Sie fabulieren, das besondere ›Deutsche‹, das ureigene ›Deutschland‹, das es Ihrer Meinung nach gibt und das Sie gerne bewahren wollen?« »Es ist eigentlich etwas völlig Selbstverständliches«, sagt er, »was man jetzt auf einmal explizit machen muss.« »Ja, dann tun Sie es doch!«, sage ich, »lassen Sie mich Ihre Vision hören!« »Ja, richtig«, nickt er, »richtig.« Und dann, während die Dunkelheit langsam ihren Handschuh um uns schließt, ist er erst einmal still.

In der Stille denke ich an den Artikel von Francine Prose, Literaturprofessorin am Bard College, im britischen *The Guardian*. Ganz im Gegensatz zu ihren globalen Kollegen, schreibt sie, sei sie dankbar dafür, dass man den deutschen Doktor eingeladen und ihm Redezeit eingeräumt habe. Die Hälfte der Studenten in ihrem Seminar habe den Vortrag des deutschen Politikers gehört und kein noch so großes Pensum an Büchern und Videos über rechtsextreme Ideologien hätte ihnen ein derartiges Wissen vermitteln können, nämlich nicht bloß das Erlebnis, sondern auch die Einsicht, dass der Geist des Nazismus nicht mit Hitler gestorben sei, nein, hier habe er aus Fleisch und Blut vor ihnen gestanden und eine Rede gehalten.

Am Abend zuvor bin ich mit dem Zug von Süden her in die Bundeshauptstadt gerollt, aus Baden-Württemberg, wo der Philosoph wie noch einige andere Heißsporne der AfD seinen Wahlkreis hat, etwa die lesbische und exemplarisch arische Businessblondine Alice Weidel. Dort, im beschaulichen Ludwigsburg mit seinem hübschen Barockschloss, hatte ich ein Treffen mit zwei blutjungen Repräsentanten des deutschen Ablegers der Identitären Bewegung, die in den Augen vieler Pro-EU-Gesinnter als eine der extremsten rechtsorientierten Gruppierungen gilt, eine Art Neonazis im Schafspelz, *en marche,* vom neuesten Stern am Himmel der AfD, einer 63-jährigen Bürgerlichen mit dem philosophischen Namen Doris von Sayn-Wittgenstein, die auf dem AfD-Parteitag hingegen als eine harmlose Gruppe junger Menschen abgetan wird, die »vielleicht den Volkstanz üben«.

Auf der Homepage der Bewegung, einem visuellen Plagiat derjenigen von Amnesty International, bloß in Gelb und Schwarz, hatte Jonathan Rudolph ausgesehen wie der ideale junge Deutsche, das Bild von einem Waffen-SS-Mann, aber bei unserer Begegnung war sein Blick sanft, die Hand, die er mir reichte, weich und warm, und er fragte mich höflich, ja leicht geniert, ob es in Ordnung sei, dass er eine Freundin mitgebracht habe, sie sei auch in der Bewegung. Annika war ein paar Jahre älter als er und hatte etwas mehr Fleisch auf den Rippen – aus ihr kann eine gute Hausfrau werden, dachte ich.

Die nächsten vier Stunden nahm ich die beiden ordentlich ins Gebet: »Kein böses Wort!«, sagte ich, »eure Vision, ich will eure Vision hören!« Für ein Wesen wie mich, das etliche Leben damit verbracht hat, alle möglichen Identitäten auszuprobieren und mich von ihnen zu befreien, hat die Behauptung, dass es eine besondere deutsche oder dänische Seele gibt, alle Welt sich in »Völker« einteilen lässt und beispielsweise nur Afro-Amerikaner das historische Leid der Afro-Amerikaner schildern dürfen, ja, dass es überhaupt so etwas geben soll wie ein stabiles, authentisches »wir«, etwas faszinierend Fremdes. Darum war es mir ein Rätsel, was diese junge Kunststudentin und ihren gerade mal neunzehn Jahre alten »identitären« Freund – Philosophiestudent und aufgewachsen in einer gewöhnlichen, unpolitischen bürgerlichen Familie in einem kleinen Nest südlich von Stuttgart, mit einer Lehrerin als Mutter und einem Vater, der

Ingenieur ist und bei Bosch arbeitet –, was diese beiden ganz gewöhnlichen Menschen dazu getrieben hatte, sich plötzlich sehr deutsch zu fühlen, den Entschluss zu fassen, Aktivisten zu werden, und zusammen mit »Gleichgesinnten« Agitation für das eigentümlich Deutsche zu betreiben – und was zum Teufel ist das bitte schön?

»Die Seele«, sagte Jonathan, »die deutsche Seele, das Sanfte, das Melancholische, den Charakter zu spüren, das Eigene um uns herum, die Tiefe der deutschen Sprache.« »Tja«, sagte Annika. »Tja?«, fragte ich. »Ja, tja«, sagte sie, »das ist so typisch deutsch, dieses ›tja‹, in Schwärmerei verfallen ... draußen geht die Welt unter, und die Deutschen stehen nur da und sagen ›tja‹.«

»Aha«, sagte ich, »und wofür schwärmt ihr zwei?« »Das einfache Leben«, sagte Jonathan, »auf dem Land, sein eigenes Haus bauen, Stein und Fachwerk, abends die deutschen Dichter lesen ...« »Goethe!«, warf Annika ein, »er hat alles, jedes Gefühl, das man als Deutscher, als Germane, so hat, genau auf den Punkt beschrieben!« »Tja, aber dann lieber Hölderlin«, sagte Jonathan, »Stefan George, Botho Strauß, aber auch Rudi Dutschke. Gegen die moderne Welt, aus der Gegenwart hinauswandern wie Ernst Jünger – kennen Sie *Der Waldgang*? –, alleine, raus aus der Zeit, hinaus in den Wald, in die Geborgenheit, in das Geheimnisvolle, alleine, aber man hört alles, diese Stille; und sonst ... sich selbst im Schreiben versuchen, Wagner hören, Bäume pflanzen, im Anbaugarten für die Gemeinschaft ernten und sich in der Gemeinschaft engagieren, mit Liederabenden, Fußball, selbst gebrautem Bier, gemeinsam, authentisch dienen.« »Ich möchte heiraten, Kinder haben«, sagte Annika,

»mich als Mutter verpflichten, dieser Erfüllung, diesem Geschenk.« »Also eine gute alte Hausfrau?«, sagte ich verblüfft. »Ja, warum nicht?!« »Und der Alltag? Wie sieht der ideale deutsche Tag aus?« An den hatte Jonathan keinen Gedanken verschwendet – er ist der Phantast, der vom Boden träumt, und Annika die, die mit beiden Beinen fest auf ihm steht. »Man steht am frühen Morgen, um fünf oder sechs Uhr auf«, sagte sie, »es ist noch dunkel, der Nebel, die Kälte, die Welt ist noch nicht da, nur der Geruch von Wald, Nebel, man geht in Bademantel und Pantoffeln zum Briefkasten, holt die Zeitung, sitzt gemeinsam in der Küche, trinkt Kaffee und liest die Zeitung, hört die Nachrichten im Radio, isst Schwarzbrot, Käse aus dem Dorf, Eingemachtes, das ist sehr Deutsch. Und dann geht man arbeiten, vielleicht in der eigenen Druckerei, und der andere ...« »Der andere«, sagte Jonathan, »arbeitet im Anbaugarten mit den anderen, fürs Dorf. Und nach der Arbeit geht man zum Verein, spielt Fußball und sitzt danach bei Bier und Weinschorle beisammen und singt Volkslieder.« »Und was ist damit?«, fragte ich – auf dem Tisch vor den beiden authentischen Deutschen lagen ihre trendigen Smartphones. Ein paar Mal im Lauf des Gesprächs hatte Jonathan seines angehoben und verstohlen auf das Display geschielt, während Annika, sobald sie gerade nicht selbst redete, ständig nach ihrem griff, um irgendwas zu checken, und im Flow hoch- und runterscrollte. »Sind die auch authentisch, tief, melancholisch, ja sind sie vielleicht die deutsche Seele selbst?« Die beiden lachten verlegen. »Das ist nur ein Übergangsphänomen«, sagte Jonathan, »alle Medien sind nur Übergangsphänomene.«

»Und ›Deutschland‹?« »Ist der Staat«, sagte Jonathan, »der Staat, der den Rahmen für das gemeinschaftliche Leben möglich macht und sichert.« »Wie macht er das ganz konkret, wie sieht der Zusammenhang zwischen dem lokalen Leben, von dem ihr träumt, und dem deutschen Staat aus?« Das wussten sie nicht genau, und vermutlich geht es den meisten Bürgern auf dieser Welt ähnlich: Es ist gar nicht leicht zu erklären, wie die Freiheit des Einzelnen vom Staat »gesichert« werden soll und dabei Freiheit bleibt. Und vice versa: was ihre eigene Rolle im Staat ist. »Ich möchte der Gemeinschaft und dadurch dem Staat dienen«, sagte Jonathan, »in regionalen Vereinen, beim Wehrdienst, aber nur zur Verteidigung, keine Interventionen, so wie die Schweiz, das ist das Ideal, authentisch dienen!« »Und womit? Werdet ihr einen Hund haben, einen Schäfer?« »Ja!«, sagte Jonathan. »Lieber einen Mops«, sagte Annika, »ein Mops ist doch typisch deutsch!« »Tja ...«, sagte Jonathan. »Und am frühen Abend«, sagte Annika, »kommt man nach Hause, sitzt nebeneinander im Bett, in geistiger Ruhe, und trinkt einen Tee und tauscht sich aus, ein bisschen Gossip über den Kollegen, vielleicht zeigt man dem anderen ein Video auf dem Handy, das man auf Youtube gefunden hat, mit Katzenbabys oder so.«

Du lieber Himmel, dachte ich, wenn diese beiden jungen Menschen, deren Traum es ist, vor Sonnenaufgang aufzustehen, mit Pantoffeln an den Füßen in ihrer eiskalten Fachwerkhausküche zu sitzen und Kürbiskompott zu essen, deren Wunschhund ein Mops und deren Vorstellung des idealen Deutschen ein Mensch ist, der »authentisch dient«, dann aber auch bloß dasteht und

»tja« zur Weltgeschichte sagt, wenn die wirklich der neue Schrecken Europas sind, was zum (und was für ein) Teufel ist dann erst unser eigener dänischer Volksparteiler Martin Henriksen?

Vielleicht, wenn ich sie bäte, mir von dem zu erzählen, was ihren Traum bedroht, wovor und nicht zuletzt vor wem sie sich fürchten, dem Undeutschen, den undeutschen Undeutschen, oder vielleicht, wenn ich sie im Rudel sähe, eine ganze Schar dieser blonden jungen Melancholiker in Bewegung, vielleicht würden ihre Gesichter und Stimmen sich verwandeln und mich plötzlich erschrecken? Aber haben Menschen in einer Gruppe nicht immer etwas Erschreckendes, »die Masse« in Bewegung, egal aus welchen Individuen oder welchem »Volk« sie besteht, allein schon, dass die Masse »wir« grölt und von der gemeinsamen Vorstellung angetrieben wird, »die anderen« zu bekämpfen?

Zurück ins Café Alpenstück: In der Zwischenzeit hat der AfD-Philosoph seine Tomatensuppe gelöffelt und das Hauptgericht serviert bekommen und beugt nun seine elegante, grau melierte Gestalt über eine dampfende Rinderroulade, dunkelgrau, wie Samt oder eine zusammengerollte Maus in ihrem Nest aus rostrot glühender Kürbiscreme. Er schneidet eine Scheibe von dem Viech ab und kaut ein wenig. »Das Deutsche«, sagt er bedächtig, »das Deutsche ist konservativ, freiheitlich und patriotisch.« Er sinnt nach. »Zögern«, sagt er. »Nachdenken, Ernsthaftigkeit, Tiefsinn ... und, ja: der Wald«, sagt er, »der Deutsche liebt ja den Wald, ob alleine oder mit Familie im Wald zu wandern, in gehobener Stimmung.

Aber den romantischen deutschen Wald gibt es ja kaum mehr, weil es keine Urwälder mehr gibt, die deutsche Landschaft ist von der Industrialisierung zerstört. Aber«, sagt er, und jetzt vollzieht sich allmählich eine Verwandlung, als führe der Geist in den Philosophen, »es gibt ja noch ein anderes Deutschland, das geheime Deutschland«, flüstert er und beugt sein Gesicht näher an den Kerzenschein.

Er richtet sich wieder im Sitzen auf – beinahe zwei Meter groß, elegant mager – und plötzlich ist es, als träte er aus der Zeit, der verachteten Gegenwart, deren Sinnbild er bei meiner Ankunft selbst verkörpert hatte, wie er da vor dem Café Alpenstück in der eisigen Frühwinterluft unruhig von einem Fuß auf den anderen wippend dastand, in seinem langen grauen Trenchcoat, das Handy ans rechte und die linke Hand flach ans andere Ohr gepresst, und multitaskend in sein Gadget sprach, mir mit halbem Auge zunickte, seine schlanke Hand hinstreckte und meine drückte und mir dabei aus dem freien Mundwinkel eine Entschuldigung zunuschelte: der markttaugliche Kulturjournalist, Management-Consultant oder Karriereakademiker, *The Sign of The Times*. Jetzt, mit einem Mal, steigt er hinab in die deutsche Urtiefe, die Vision, aber ohne deswegen die Rinderroulade und die jahreszeittypisch typisch deutsche Kürbiscreme zu vernachlässigen, ihre Ockerrotglut. Er schneidet und gabelt geschäftig, nippt gierig an seinem Rheinwein, während im Kerzenschein die Sprache der Dichter gleichsam von den Lippen des Propheten strömt:

»Das Deutsche«, sagt er, »das Deutsche hat sehr viel mit der Unterwelt zu tun, aus der die Geister der Vergangenheit kommen, die keine Ruhe geben und beständig das Paradies stören. Und diese Geister«, sagt er, »sind eben immer noch die Nazigeister, aber es muss nicht bei ihnen bleiben, die Geschichte ist so viel tiefer«, sagt er, »es gibt eine Geschichte dahinter, und da sind auch gute Geister, die sich in den untersten, hintersten Schichten verbergen, aber sie gelangen nicht mehr durch ... das Mysterium, die alte Heidenseele ... das *geheime* Deutschland, das ist der eigentliche Kern«, flüstert er, »das geheime Deutschland ist das *ideale* Deutschland, ein geistiges Deutschland, ein edles Deutschland, unangetastet von kapitalistischer Vernutzung und Industrialismus, aber eben ins Geheime, ins Verborgene zurückgetreten, nur von Dichtern gepflegt, und selbst die sind ja fast ganz ausgestorben, ja, dieses ideale, geistige Deutschland wird wohl nur noch als kleine Sparflamme am Leben erhalten.«

»Vielleicht«, sagt er, und im schummrigen Restaurantlicht leuchten und flackern seine Augen wie zwei LED-Kerzchen, »vielleicht sollte man es als Flamme darstellen: wie jemand diese Flamme, diese winzige, schützt, irgendwo hinträgt und sie dann wieder zum größeren Feuer werden lässt und sie auf dem Weg dorthin vor einer wahnsinnigen Armada von Personen beschützen muss, Personen, die sie niedertrampeln wollen oder achtlos über sie wegstapfen, in Business-Uniformen und sonst welchen Markenzeichen des modernen, des seinsvergessenen Menschen, des ›Man‹«, sagt er, »des heideggerschen ›Man‹! Ja, ein Tumult auf der Bühne, wo dieser Mensch, der die Flamme bewahrt, sich wahnsinnig in Acht nehmen muss, damit sie nicht zertreten wird, weil alle rücksichtslos über sie wegeilen und ihre Welt mit größter Brutalität und Arroganz ordnen«, sagt er und wird unversehens von der Bedienung aus dem Geheimnisvollen in die grelle Gegenwart gerissen – ob er schon so weit sei für einen Kaffee? »Was?«, sagt er, »ach ja, ein Milchkaffee, was haben Sie, haben Sie eine Melange, eine klassische Wiener Melange?« »Sehr gern, der Herr«, sagt sie, und Dr. Marc Jongen, der AfD-Philosoph und jetzt auch Prophet und Dramatiker, atmet erleichtert auf und trinkt seine Wiener Melange. »Ich muss leider aufbrechen«, entschuldigt er sich und reicht mir über den Tisch weg seine angenehme Hand. »Die Frage ist«, sagt er, indem er meine magere drückt, »wie kommen wir von hier weiter?«

Tja, wie kommen wir von hier weiter?, denke ich, als ich allein am Tisch sitze und in das Flämmchen der Tischkerze starre. In der idealen Welt könnte ich den Menschen, der die Flamme trägt, von Dr. Marc Jongen selbst spielen lassen, nicht auf der Bühne, nein, gleich hier draußen auf den winterdunklen, schaurigen Straßen Berlins: der Philosoph, der die zarte Flamme durch die Stadt trägt – wie Stellan Skarsgård in *Der einfältige Mörder*, flankiert von seinen beiden Schutzengeln, gespielt von, warum nicht, meinen zwei melancholischen Identitären von der Schwäbischen Alp –, gegen den Strom von, nein, nicht von Flüchtlingen, auch nicht von Klischees des modernen Menschen in Business-Uniform, nein, von der globalisierten Elite von Akademikern, den hippesten, bestbezahlten, reichsten, mit Judith Butler vorneweg, die, ohne den *wirklichen* Philosophen wahrzunehmen, ihn unter lauten Rufen niedertrampelt und mit ihren Schildern und Transparenten weitermarschiert, auf denen ihr Bild von ihm prangt und, in fetter Fraktur-Flammenschrift: »NAZI RAUS!«

*

(Übersetzung aus dem Dänischen:
Hannes Langendörfer)

Auf der Weltbühne oder Tragödien und Komödien in der Ukraine

Borispol, Ukraine, Sonntag, Oktober 2014

(18:32)

Erzengel, du musst die ganze Zeit, den ganzen Weg bei mir, mit mir und über mir gewesen sein, weil ich bin ja hier immer noch, wesend. Überall in diesem großen Land bin ich gewesen, von Charkiw im Norden, Czernowitz im Süden, Iwano-Frankiwsk, Lwiw, Ternopil im Westen über Kyjiw dann endlich, zum Schluss, in den Donbass, in den Ausnahmezustand hinein, Kramatorsk, Slowjansk, Kreminna.

An einem gesegnet schönen, in fließendem Goldlicht aussterbenden Septembertag ging ich in dem ausgebombten Vorort, oder war es ein Dorf, in die zertrümmerten Häuserruinen hinein, allein, denn mein ukrainischer Mitmensch traute sich nicht oder trauerte über die Seinigen, war so ohnmächtig, dass er nicht weitergehen konnte, er blieb beim Auto stehen, rauchend, den Kopf gegen das einstmals weiße, jetzt staub- und schmutzverdreckte Autodach gestützt, und als ich eine halbe oder zwei, drei Stunden später zurückkam, blickte er auf und sah mir in die Augen und hatte geweint. In den Trümmern war niemand mehr, kein lebendes Wesen, doch, ein armer, magerer Hund kam bellend aus dem Schatten auf mich zu und folgte mir und nach und nach wurde er wieder stumm. Und aus der Ruine eines Hauses trat oder eher stolperte dann ein Kind, schmutzig, leise weinend, nicht mal drei Jahre alt, und hinter ihm her, Gott (wer? Wo?) sei Dank, eine Frau, seine Mutter, jung, zitternd, Zigarette rauchend, mit dem Blick eines Hirsches, und sie riss das Kind an sich, ohne mich wirklich wahrzunehmen, setzte sich mit dem kleinen Mädchen (es war in schmutzig hellroter Strumpfhose und einstmals weißem Nachthemd mit kleinen fliegenden Bären gegen Tag und Nacht und sich schnell näherndem Winter geschützt) auf dem Schoß in das kupferne Abendlicht auf den Rest der Treppe. Ich stand lange vor ihr, dann glitt aus den Schatten der kahlen, vom Raketenfeuer ausgebrannten Baumsäulen ein magerer Muselman hervor, in sowjetischer Trainingshose, Camouflagejacke, mit schmutzig grauen nackten Füßen in Plastiksandalen, Milizmütze, eine alte Bierflasche am Ende des schlaffen Armes hängend, blieb für einen endlosen Moment schwankend vor dem Weib stehen – Töne oder ertrunkene Sprachtrümmer flossen ihm von den schlaffen Lippen wie Schleim – und trieb dann durch den Rest eines Türlochs in die Ruine hinein.

(19:06)

(20:15)

Nein. Ich schaffe es nicht. Die Geschichte geht hier nicht weiter. Vergib mir, Engel. Später … Später? Gab es ein »Später«? Dann vielleicht: In einer anderen Welt, einem anderen Leben, wohnte ich in der Residenz des Botschafters in der Gorhogo-Straße in Kyjiw. In letzter Minute vor meiner Abfahrt aus Lwiw mit einem alten Bus aus dem Sowjetimperium war, wie von eines mir unbekannten Gottes Gnade, die elektronische, von einer oder eher *der* Sekretärin des Botschafters der Bundesrepublik Deutschland, Frau oder vielleicht (immer noch) Fräulein Stafforst, unterschriebenen Mitteilung gekommen, die in etwa folgendermaßen gelautet hatte: »Liebe Madame Nielsen, Botschafter Weil, der heute und morgen ganztägig auf einer Konferenz ist, hat mich gebeten, Ihnen mitzuteilen, dass Sie ab morgen, Samstag, das Ihnen bekannte Gästezimmer in der Residenz doch nutzen können. Die Wache am Eingang weiß Bescheid, sodass Sie ins Haus gelangen können. Die Residenz ist nicht abgeschlossen, sodass das Gästezimmer, das für Sie vorbereitet ist, zugänglich ist.«

Im Laufe meines Lebens in der Residenz war ich einer vielfältigen Menge von Menschen oder eher Exemplaren einer anderen Spezies begegnet oder – eher noch – hatte sie erlebt, sagen wir beobachtet, ach, nein, betrachtet; unter anderem den Herrn Professor Doktor Kiesel, *den* Biografen und Herausgeber Ernst Jüngers, wir hatten sogar ein Gespräch miteinander geführt, das den Herrn Doktor und Professor Kiesel so in Erregung versetzt hatte (obwohl er sich nicht und wahrscheinlich nie mehr aus seiner einem dünnen, trockenen, im Winde fast neunzig Grad vornüber gebogenen Strohhalm ähnelnden Positur aufrichtete), dass er mir vor Ort versprochen hatte, mir am Abend des nächsten Tages anlässlich der besonderen und – als dessen Höhepunkt – ein Symposium über Osteuropa während des Ersten Weltkriegs in der Nationalen Akademie der Wissenschaften der Ukraine in der Wolodymyrska-Straße 54 abschließenden Präsentation von und Diskussion über die eben erschienene Erstübersetzung in die ukrainische Sprache »*des* Romans, *des* Dokuments über den Ersten Weltkrieg«, Ernst Jüngers während des 20. Jahrhunderts elfmal vom Autor revidiertes und danach in sieben Fassungen neu erschienenes *In Stahlgewittern*, sein auf dieser Reise einziges mitgebrachtes Exemplar des erst 2010, also zwölf Jahre nach dem Tod des damals einhundertzweijährigen Autors, von ihm, also Herrn Professor Doktor Kiesel, herausgegebenen und bis aufs letzte Komma ungekürzten *Kriegstagebuchs 1914–1918* zu schenken, was er dann auch und tatsächlich tat, sodass ich es auch jetzt, zwar irgendwo unter mir, in einem anderen, kälteren Raum, aber immer noch acht oder sogar zehn Kilometer über der Erde, im Flugzeug aus Kiew zurück nach Europa bei und fast unerträglich mit mir trage.

An einem anderen, und zwar dem ersten Abend hatte ein mir völlig unbekannter weltbekannter deutsch-österreichischer Schauspieler eine Lesung in der Deutschen Botschaft (oder ebenfalls im Großen Saal der Nationalen Akademie der Wissenschaften der Ukraine?) gehalten, bei der er, wie er später selbst und mehrmals und völlig unaufgefordert erklärte, versucht habe, alles, was literarisch im deutschen und osteuropäischen Sprachraum während des 20. Jahrhunderts geschrieben worden sei, in einem Bogen zusammenzuführen, was ihm fast, aber leider nicht ganz … »Doch!«, rief dann jedes Mal jemand, verzaubert, fast atemlos, »doch Herr Waltz, es war ein-mal-ig« Und »Nein!«, rief oder weinte der mir völlig unbekannte weltberühmte deutsch-österreichische Schauspieler daraufhin, »das Publikum hat es vielleicht nicht bemerkt, aber ich«, rief oder, ja, heulte er theatralisch, »ich habe es nicht nur gemerkt, ich habe es erlitten, und zwar in dem Gedicht von Trakl, das ich erst gestern Abend und zum ersten Mal in meinem Leben zu Gesicht bekommen habe, und in der darstellenden Kunst gibt es, wie Sie wissen, nur eines: üben, üben und nochmals üben!«

Und später gab es dann ein spätes Abendessen, nicht für alle selbstverständlich, nur für die vierzig oder fünfzig bedeutendsten Menschen oder Exemplare dieser ganz anderen Spezies aus dem bei der Lesung anwesenden Publikum, in der Residenz des Botschafters. Und da kam mir dieser mir bis zu jenem Moment völlig unbekannte weltberühmte deutsch-österreichische Schauspieler entgegen, aber nicht aus einem Taxi oder dem botschafterlichen Wagen oder durch die Tür der Residenz, sondern geradezu wie aus dem bernhardschen Roman *Holzfällen* heraussteigend, und zwar als der tatsächliche und wirklich gewordene »berühmte Burgschauspieler«, der während der ersten Hälfte oder sogar dem ersten Zweidrittel des Romans die ganze Zeit erwartet und deshalb ständig erwähnt und gelobt wird und der, als er dann endlich bei dem besonders »künstlerischen Abendessen« auftritt, ständig und ständig und immer wieder und völlig unaufgefordert über sich selbst redet. Und diese tatsächliche und fleischlich gewordene Erscheinung des berühmten Burgschauspielers, der mir da als eine wunderbare und lang ersehnte Erscheinung, aufgeblasen, hochrot und doch verblüffend, ja geradezu ekelhaft klein, entgegentrat mit seiner dunkelbraunrubinrot glänzenden oder sogar glühenden Brille und seinem tiefblauen Anzug und der knallroten Krawatte, tat genau das, und zwar fast ausschließlich: von und über – aber nie unter – sich selbst reden, und zwar die ganze Zeit in der besonderen und nur auf den bedeutendsten deutschen Staatstheaterbühnen, ja vielleicht wirklich und wahrhaftig allein in dem – wie er selbst und mehrmals betonte – weltberühmten und unter den drei bedeutendsten Theaterhäusern der ganzen Welt rangierenden Burgtheater existierenden hochbühnendeutschen Sprache, obwohl er ständig und immer und in vielerlei Variationen betonte, dass er nicht eitel sei, »ganz im Gegenteil«, und keineswegs »das Ganze auf mich selbst beziehen wolle«. Und als ein berühmter, aber nicht welt-, sondern nur in Polen und Deutschland und lediglich unter Historikern und einigen gebildeten, vornehmlich historisch interessierten Botschaftern wie eben dem meinigen, also Herrn Weil, und insofern wahrscheinlich allenfalls bekannter polnischer Historiker sich nach des tatsächlich berühmten Burgschauspielers achtem Wodka, den dieser, selbstverständlich, erst im Anschluss an den weißen Begrüßungswein und den als Begleitung zum im Stehen eingenommenen Mittagessen in die Kristallgläser eingegossenen oder vielleicht schon in der Küche auf die Kristallgläser verteilten roten Wein und nach dem – warum denn auch nicht, immerhin hatte er etwas wenn nicht Sublimes, dann zumindest fast Gelungenes vor dem, wie der Botschafter in seiner besonders an den Burgschauspieler gerichteten Ansprache betont hatte, »mucksmäuschenstill den Atem anhaltenden« Publikum zur Welt gebracht oder geschaffen – Lwiwschen oder, wie die Österreicher immer noch sagten, Lembergschen Bier, zu sich genommen hatte, und nachdem fast die ganze Gesellschaft von stehenden Mittagessern sich von dem botschafterlichen Kulturkonsulassistenten in einem Taxi nach dem anderen in die sie betreffenden Hotels erst transportieren und danach (oder umgekehrt) verteilen hatten lassen, sodass nur der – wenn auch bloß dem Botschafter wahrlich – bekannte polnische Historiker sowie der Botschafter, also mein geliebter Herr Weil, ich (sprach der Engel) und, selbstverständlich, der aus dem bernhardschen Roman erschienene und also jetzt nicht mehr nur buchstäblich berühmte Burgschauspieler als die vier Letzten übrig geblieben waren, zwei und zwei einander gegenüber auf den zwei weißen Sofas in dem mittlerweile nicht nur großen, sondern auch fast leer hallenden, mittleren En-Suite-Zimmer saßen, aufrichtete und sich in aller Höflichkeit für einen großartigen Abend aufrichtig unpersönlich bedankte und anschließend aufstand, um zurück durch das Labyrinth aus weißen Fluren in das ihm, als altem Freund oder allenfalls Bekanntem des Botschafters, anempfohlene Gästezimmer, das zu meinem Entsetzen doch das mir vertraute Gästezimmer war, was bedeuten musste, dass ich nun, ausnahmsweise, so hoffte ich, in das andere, mir bisher zwar nicht ganz unbekannte, aber doch bloß kurz und aus Neugier und hoffentlich unbemerkt betretene, auf alle Fälle jedenfalls nie in meinem Leben benutzte oder gar bewohnte Gästezimmer versetzt oder eher verlegt worden war, zu ziehen, schlüpfte der sonst nie schlüpfende, weil ziemlich große, sich zu selten sich von selbst bewegende Botschafter ihm in das Labyrinth aus Fluren hinterher und kehrte, aber erst nach einer Minute – oder waren es mehrere, mindestens vier?! –, nicht mit dem auch mir jetzt immerhin oberflächlich bekannten polnischen Historiker zurück, sondern mit dessen Bruder oder wer auch immer ihm auf so verblüffende Weise ähnelte, dass es sich nur um einen jetzt nicht, wie vorher der polnische Historiker, in gebügelten hellblauen Jeans, blauweiß gestreiftem und ebenso gebügeltem Hemd und mit einer glänzend blauen, um den Hals gebundenen Krawatte, sondern in einer anderen, weiträumigeren, aber gleichfalls hellblauen Jeanshose und einem nicht mehr von oder in der Jacke versteckten blauweiß gestreiften, von einer Krawatte bedeckten und, weil die oberen zwei oder sogar drei Knöpfe aufgeknöpft waren, offen stehenden Hemd steckenden Bruder oder Vetter handeln konnte, dessen, zu des Botschafters späterem (er bemerkte es erst am nächsten Abend) Entsetzen, nackten polnischen Füße in einem in Dänemark entworfenen, aber wahrscheinlich in China materialisierten und mit Sicherheit sehr behaglichen, weichen und fußräumlichen Paar Sandalen prangten, und ließ sich ganz leise und mit einem und vielleicht nur von mir wahrgenommenen todmüden Seufzen in das Sofa zurücksinken, um der Hauptperson des Abends, also dem wahrhaft tatsächlichen Burgschauspieler, ganz bis zum endlosen Ende seines Nachspiels Gesellschaft zu leisten, das darin bestand, dass der Burgschauspieler, weiterhin pausenlos über und von – und jetzt auch unter – sich selbst redend, noch weitere vier Wodkas in sich hineingoss und anschließend rief: »Und nicht, um die Aufmerksamkeit auf mich selbst zu lenken, und obwohl ich jetzt schon den zwölften Wodka intus habe«, und der Botschafter mit seiner jetzt nilpferdsumpftiefen Stimme daraufhin bloß murmelte: »Sie zählen also!« Und als hätte ich in diesem Augenblick erst begriffen, wer dieses jetzt noch tiefroter aufgeblasene, verblüffend ekelhaft kleine, mit seiner dunkelbraunrubinrot glühenden Brille ausgestattete Mensch- oder Männlein mir gegenüber auf dem weißen Sofa und die ganze Zeit wie auf dem Sprung ein bisschen schräg sitzend war, obwohl doch der Botschafter, als er ihn mir und mich ihm vorgestellt hatte und dann mehrmals in seiner Ansprache, und später wahrscheinlich auch andere der im Stehen mittagessenden Gesellschaftsmenschen seinen Namen, meistens nur den Familiennamen, Waltz, genannt und als den Bruder des weltberühmten deutsch-österreichischen Hollywoodschauspielers und also als den wenn auch nur in den deutschsprachigen Ländern weltberühmten deutsch-österreichischen Schauspieler Martin Walz identifiziert hatte, rief, nein, lächelte ich charmant, spielerisch und mich leicht zu ihm vorbeugend, und sagte: »So, *Sie* sind also der Burgschauspieler!?«

Und plötzlich war es ganz still. Der Burgschauspieler sah mich auf einmal und endlich ganz und gar stumm und mit weit offenen Augen an, und die beiden anderen, der Botschafter und der ihm und jetzt auch mir und wahrscheinlich sogar dem, sofern er trotz seines pausenlosen Von-sich-selbst-Redens sein Nachspielpublikum wahrgenommen hatte, Burgschauspieler bekannte polnische Historiker sahen zu Boden und gar nicht auf mich und taten, wenn auch schweigend, als ob gar nichts passiert wäre.

– »Madame!«, flüsterte mir der Botschafter dann durch seine Nilpferdzahnreihe hindurch zu.

»Madame!«

(00:24)

*

(Übersetzung aus dem Dänischen:
Gerd Weinreich)

Nackt wie ein dampfendes Skelett

Als Madame Nielsen vor einigen Jahren, als sie noch nicht unter die Deutschen eingewandert war und von ihrem Balkon das deutsche Leben Tag und Nacht beobachtete, an einem goldenen Septemberabend von einer dreißig Kilometer langen Wanderung durch Stockholm zurückkehrt und keine anderen Wünsche in dieser Welt hat, als die müden Beine in der Suite des Hotels Esplanaden zur Ruhe zu legen, reicht ihr ein freund- oder feindlicher Mensch am Kungliga Dramatiska Teatret die Eintrittskarte für die abendliche Vorstellung: die Bühnenfassung des Deutschen Theaters von Ingmar Bergmans Filmklassiker *Herbstsonate* aus dem Jahre 1978. Im Original ist es ein echtes bergmansches Böse-bis-in-den-Tod-Mutter-Tochter-Drama mit der unübertrefflichen Liv Ullmann und Ingrid Bergman in den Hauptrollen. Aber ist ihr eigentlich danach: eine deutsche Theaterversion, lebende hysterische Frauenzimmer, und dann noch von Jan Bosse inszeniert, einem dieser Meterwareregisseure, von denen nicht nur die deutsche, sondern in vielleicht noch größerem Maße die skandinavische Theaterwelt eine ganze kleine, mittelmäßige Menschheit vorzuweisen hat und auf die sich Direktoren und Publikum und Rezensenten verlassen können, dass sie immer eine solide, traditionelle und doch »moderne«

Interpretation welchen Klassikers auch immer liefern, Regisseure, mit denen es nie Probleme gibt, keine Skandale, Regisseure, die in erster Linie funktionieren und den Schauspielern Raum geben zu brillieren. Herrgott! Muss sie sich das antun?

Als sie nackt wie ein dampfendes Skelett aus der Sauna des Hotels Esplanaden tritt, nur einen Granatenwurf vom Dramaten entfernt, zeigt die Uhr acht Minuten vor acht, sie kann es also leider genau schaffen, streift sich ihr leichtes schwarzes Sommerkleid über, schlüpft in eine kleine, glänzende blaue Jacke und trippelt zweihundert Meter den Strandvägen entlang, vorbei an den Straßenrestaurants, wo die schamlos Reichen jetzt hinter niedrigen Barrieren aus schützendem Glas in der Septemberabendsonne sitzen, in ihren Austern rumstochern und eiskalt mit Champagner anstoßen, mit einem Satz ist sie rüber über die von der Gesellschaft verdammten Obdachlosen, die aufgereiht wie lebende Leichen in Schlafsäcken oben auf der Treppe zum Theater liegen, und sinkt in ihren Sitz, in der Sekunde, als der Vorhang hochgeht.

Im Laufe der nächsten zwei Stunden merkt sie zu ihrer Verblüffung, wie es langsam in ihr zu köcheln und dann sogar zu brodeln beginnt, am Ende kocht sie über und schießt mit Jubel und Applaus vom Sitz hoch – oh, diese besondere Freude, zugleich Rausch *und* Klarsicht, jedes szenische Moment und jede Bewegung durchdringend, wie sie ihr so selten, vielleicht einmal alle Hundert Male im Theater widerfährt, wie ist das möglich? Weil die deutsche Vorstellung so aufrichtig klassisch ist, kristallblitzend souverän wie die Kronleuchter in Tranströmers Gedicht, die wie Glasgeier unter dem Himmel in den Sälen der Macht hängen, der Einfallsreichtum des Regisseurs beschränkt sich auf einen einzigen gotischen Griff, der Bergmans puritanisches nordisches Dunkel in einen englischen Mary-Shelley-Thriller verwandelt, mit der heimgekehrten Mutter, der Klaviervirtuosin, als neurotisches Monster der Bildungskultur und europäischen Zivilisation? Ja! Und weil, wird es Madame plötzlich klar, Bergman nicht nur ein großer Regisseur war, sondern auch ein genialer Dramatiker, der auf eine besondere Weise seiner Zeit weit hinterher war, ist der Film doch von 1978, aber die Geschichte scheint sich eher in den Jahren vor dem Ersten Weltkrieg abzuspielen, als das Bildungsideal und die Geistesaristokratie noch möglich und geachtet waren. Und weil die Schauspieler, und nicht zuletzt diese Corinna Harfouch, von der Madame, um bei der Wahrheit zu bleiben, noch nie im Leben gehört hat, mit einer Klasse auftreten und diese verkörpern, von der Madame glaubte, dass sie am Theater nicht mehr möglich sei, und vor allem weil die deutsche Sprache so brutal, expressiv und in sich selbst die Essenz der europäischen Bildungskultur ist und im Mund der Diva wie stürzende Glasgeier zerschmettert wird.

Beim anschließenden Empfang im königlichen Saal des Dramaten mit seinen Bogentüren hinaus auf die Terrasse und zu den Schären und zur immer noch leuchtenden nordischen Nacht huldigen der deutsche Botschafter und die kulturelle schwedische Oberklasse – mit distinguiertem Applaus, bei dem die langen Finger der rechten Hand gegen die leicht geschlossene, erhobene linke Hand schlagen, deren Fingerspitzen die mayonnaise- und butterfetten Schnecken ähnelnden Petit Four mit Lachs, Krabben oder Ren halten – den vier deutschen Schauspielern, und drei davon lächeln und stoßen an, während die Diva, diese Corinna Harfouch, unbeweglich wie eine Eiskönigin dasteht und den Beifall an sich abprallen lässt, und Madame denkt, dass diese auf der Bühne nicht nur die klaviervirtuose, neurotische und zugleich souverän böse Mutter verkörpert und auf ihre Weise das Filmvorbild übertroffen hat, sondern Ingrid Bergman *ist*, die letzte wirkliche Diva, und Madame erschauert, dankbar, dass es ihr erlaubt war, die Kulmination der europäischen Bildungskultur in einer Person zu erleben, und glücklich, nie im Leben ein solches Monster dicht am Leib haben zu müssen.

Am nächsten Abend hält Madame den ersten ihrer drei Salons in Suite 10 im Hotel Esplanaden ab, und als sie gegen Mitternacht einen Handkuss des Abschieds von dem letzten Gast erhalten hat, promeniert sie in ihrer langen, von (falschen) Edelsteinen glitzernden schwarzen Abendrobe und mit entblößten Schultern, begleitet von ihrem muskulösen kleinen Musiker Sailor T, auf dem Bürgersteig durch die laue Septembernacht zur Festivalbar des Theaters, eingerichtet in dem ehemaligen Restaurant, das der Puritaner, der Dunkelmensch Bergman, während seiner Regierungszeit in den frühen Neunzehnhundertsechzigern geschlossen hatte. Als sie eintritt, sieht sie den Champagnerabschaum des schwedischen und ausländischen, gastauftretenden Theaterlebens – Schauspieler, Regisseure, Bühnenbildner mitsamt Technikern und Entourage – versammelt unter den schön verfallenden, hoch geschwungenen Decken, und mitten unter ihnen, blitzend wie ein schwarzer Glasgeier, die deutsche Diva. Sie steht etwas entfernt und mit dem Rücken zu Madame, die es gerade schafft, sich dem jüngeren Star Fritzi Haberlandt zu nähern, die auf der Bühne die mit einem Pastor verheiratete Tochter mit einer strengen Herbheit gespielt hat, die die Luft zum Ächzen brachte, und ihr für eine herrrrrrrrrrrrvorragende Vorstellung zu danken, und da dreht sich das Muttertier um und erblickt Madame in der Menge, was schon schlimm ist, und, was schlimmer ist, wählt sie aus, so wie ein Insektenforscher einen besonders schönen oder vielleicht eher grotesken Schmetterling mit der Pinzette auswählt, und, schlimmer könnte es fast nicht sein, durchschneidet jetzt die Menge und stellt sich neben die jüngere Kollegin mit einem Blick, der zugleich ruhig und warm ist und durch Mark und Bein tief hinein in die flatternde Seele drängt.

Die deutsche Diva hebt eine Hand, als wolle sie eine Fliege verscheuchen, und die jüngere Kollegin verschwindet in der Menge, die Diva kneift die Augen zusammen und beginnt auszufragen, und Madame zwitschert von ihrem Salon, von ihren Romanen und möglichen Geschlechtern, aber es hilft nichts, sie ist durchschaut, die Diva weiß, wer sie *eigentlich* ist, ihr, o Schreck, *wahres* Ich, und jetzt ist es fast, als ob die Diva lächelt, wohlwollend wie eine Königin Victoria, mit diesen von Adel schweren Augenlidern, sie nickt, und als die Festivalbar im selben Augenblick schließt, ergreift sie Madames Arm und führt sie durch die Stockholmer Nacht und hinein in die augenscheinlich einzige nachmitternachtgeöffnete Bar gewisser Klasse, mit einer Handbewegung fegt sie eine Gesellschaft von diesen schwedischen Internet- oder Computer- oder nur Finanzmilliardären zur Seite und nickt Madame zu, dass sie Platz nehmen soll, und da sitzen sie dann die nächsten Stunden, umgeben von arroganten und reinrassigen Geschäftsleuten und europäischem Theaterleben, und unterhalten sich über die Existenz, über das Leben und den Tod, auf der Bühne und außerhalb. In sublimem Hochdeutsch und einem Fast-Flüstern, das alles durchdringt, erzählt die Diva von dem Buch, ihrem Lieblingsbuch, des exzentrischen deutschen Filmregisseurs Werner Herzog, *Vom Gehen im Eis*, das Madame Gott sei Dank gerade gelesen hat, sie sprechen von der Radikalität und dem nietzscheanischen Übermenschlichen in Herzogs Gestus, sich zu entschließen, von München nach Paris durch den Winter zu wandern, um allein mit dieser Handlung die alte Meisterin des deutschen Films, Lotte Eisner, zu retten, die in der Stadt der Städte im Sterben liegt. Als wolle man ein Dampfschiff über einen Berg ziehen und das Unmögliche tun, sagt Madame, und die Diva nickt gnädig. In ihrer persönlichen Laudatio erzählt Madame, wie sie eigentlich keine Lust hatte, ihre Zeit damit zu vergeuden, eine Vorstellung von diesem Jan Bosse zu sehen, der in ihren Augen nichts Besonderes ist, und die Diva nickt dunkel und sagt, dass es ihr imponiere, dass Madame so ohne Weiteres den Regisseur durchschaut habe, »dieser Bosse«, sagt die Diva mit distinguierter Abscheu, sei nichts, ein Niemand, einer dieser absoluten Niemandmenschen, die das deutsche Theaterleben überbevölkern und im Voraus die Möglichkeit für den Ausnahmezustand, in dem das Theater sein könne und sein solle, abtöten würden, diese mittelmäßigen Männer, denen man sich als Schauspielerin aussetzen müsse, diese Männlein, die nur, weil sie vor den Theaterchefs kröchen, die zumeist auch nur in der Branche rotierende Mittelmäßigkeiten seien, die Erlaubnis bekämen, zu inszenieren, und damit den einen Klassiker nach dem anderen vernichteten, »dieser Bosse«, flüstert sie, fast ohne die Lippen zu bewegen, »er hat nichts geschaffen, er lässt nur die Schauspieler aufeinander los, was Sie sahen«, flüstert sie, »ist allein unser Werk.« Und sie erzählt, dass es dieser endlose Strom von Mittelmäßigkeiten gewesen sei, der bewirkt habe, dass sie vor zehn Jahren beschlossen habe, sich von der Bühne zurückzuziehen und den Rest ihres kostbaren Lebens damit zu verbringen, zu lesen und in den Wäldern in der Umgebung ihres Hauses außerhalb von Berlin zu wandern, aber genau da sei ihr die weibliche Hauptrolle in *Wer hat Angst vor Virginia Woolf?* in der Inszenierung von Jürgen Gosch angeboten worden, die Rolle, die Elizabeth Taylor in der legendären Filmversion von 1966 gespielt habe, und das sei ihre Rettung und ihr persönlicher, erneuter Durchbruch auf der Bühne gewesen, sie sei besessen gewesen von Gosch, erzählt sie, Gosch sei ein Ausnahmemensch gewesen, er habe es verstanden, die Bühne und das Leben auf ihr in einen existenziellen und ästhetischen Ausnahmezustand zu verwandeln, und in den folgenden fünf Jahren, bis zu Goschs Tod im Jahre 2009, habe sie intensiv mit ihm zusammengearbeitet und ihr Leben in seinen Inszenierungen gelebt, und sie erzählt, wie Gosch bis zuletzt, noch auf seinem Sterbelager im Krankenhaus in Berlin, nahezu vollständig vom Krebs aufgefressen, darauf bestanden habe, die Arbeit fortzusetzen, und zwar nicht irgendeine, als Krönung seines Lebenswerkes habe er sich dafür entschieden, den unmöglichsten aller Texte zu inszenieren, Euripides' Tragödie *Die Bacchantinnen*, jeden Tag habe er seine Schauspieler im Krankenzimmer um sich versammelt, bis zur letzten Sekunde, zum letzten Atemzug seien die Proben weitergegangen, während hinter seinem Rücken die Tochter gestanden habe, die gewusst habe, dass es bloß noch eine Frage von Stunden, Minuten sei, und sich gewünscht habe, dass er, ihr Vater, sich umdrehen und sie ein letztes Mal ansehen würde, aber das habe er nicht getan, Gosch habe keine Zeit zu vergeuden gehabt, am Ende hätten sie sich ganz dicht zu ihm beugen müssen, um sein Flüstern zu hören, die letzten genialen, erlösenden, leuchtenden Worte. »Es war einfach Wahnsinn«, flüstert sie, »unmenschlich und alles, das Ganze, das Leben und den Tod, wert.«

Sie nimmt Madames kalte und nicht besonders schöne Hände in ihre brennend warmen und blickt ihr tief, allzu tief in die Augen, und Madame weiß nicht, was das bedeuten soll, was jetzt geschehen wird, ob es um sie geschehen ist, ob sie endgültig von diesem souveränen Monster besessen ist, dieser jeglichem Mann überlegenen Frau. Sie schließt die Augen. O Gott, denkt sie. Dann fällt der Vorhang.

*

(Übersetzung aus dem Dänischen:
Gerd Weinreich)

Der deutsche Wutbürger

Als Einwanderin verwirrt man sich leicht in der neuen Welt und der unbekannten Kultur. Als ich aus dem kleinen Märchenländchen Dänemark nach Deutschland einwanderte, fragte ich als Erstes, ob es auch zeitgenössische Autoren gebe, die ich unbedingt lesen solle. Ja, sagte jemand, Marcel Beyer! Als ich dann später einen deutschen Verlag bekam und dort in Köln zu Besuch war, sah ich Bücher von Maxim Biller und dachte, »Ah, M. B., da ist er ja!«, und ließ mir einen Band mit Erzählungen und auch *Der gebrauchte Jude* schenken und las sie sogar, und der arme *gebrauchte Jude* gefiel mir nicht nur, das Buch rührte mich, es war so empfindlich, unwohl, angefochten und wahrheitssuchend und deutlich selbstbiografisch, und so beschloss ich, dass ich auch einen von M. B.s berühmteren Romanen lesen wollte – entweder *Flughunde* oder am besten *Simple Storys*, diesen sogar in meinem kleinen Herkunftsland bekannten Roman, der, wie sich jedoch herausstellte, weder von dem falschen noch dem wahren M. B., sondern von einem gewissen Ingo Schulze geschrieben worden war –, was ich aber nicht tat, leider oder auch nicht. Später habe ich dann noch ein paar Erzählbände und die wunderbare kleine rührende Novelle *Im Kopf von Bruno Schulz* gelesen – aber nicht den übergroßen Roman *Biografie*, das lohne sich nicht, meinte mein Verleger, der ja auch der seinige ist. Ach, ja, schöne neue Welt!

Eines durch und durch unschönen Dezembernachmittags, grau, schnupfend oder schon mit Corona angesteckt, wanderte ich durch den Nieselregen zum Berliner Literaturhaus in der spießbürgerlichen Fasanenstraße, um oben im Büro im dritten Stock einen Pullover, den ich dort vergessen hatte, abzuholen, und als ich das edle Treppenhaus emporstieg, kam ich an dem sogenannten Großen Saal vorbei und sah, dass etwas los war, bis dicht an die hintere Wand und noch vor der Tür standen sie, die Menschen. (Damals wusste man ja noch nicht, wie gefährlich und geradehin verwerflich es ist, wenn so viele Menschen sich in einem Raum treffen, und wahrscheinlich sind die meisten von denen, die damals da waren, schon längst dahingeschieden, aber damals waren sie noch sehr lebendig, vor allem einer.) Ich steckte meine spitze, ausländerische Nase durch die Türöffnung und stand da ein paar Minuten und staunte.

Auf der kleine Bühne saßen drei Menschen, zwei ganz gewöhnliche, gut angezogene und gebildete und höfliche Literaturwisser oder Feuilletonisten, ein Mann und eine Frau, die den Dialog, der kein Dialog war, weil das, was sich auf der Bühne abspielte, mit Dialogen gar nichts zu tun hatte, moderierten, und dann, ganz rechts und viel tiefer in seinen Sessel gelehnt und im Gegensatz zu den beiden Gutmenschen, die natürlich nur Wasserflaschen vor sich hatten, Bier trinkend, dieser Dritte, um den das Ganze sich, begriff ich schnell, drehte. Trotz meines Ausländerinnenseins hatte ich ja, wie alle anderen auch, von dem inzwischen weltberühmten deutschen »Wutbürger« gehört, und jetzt saß er also da, vor meinen Augen, und – wütete. Jedes Mal, wenn einer von den beiden wohlmeinenden Literaturwissern den Mund aufmachte und höflich, fast pudelhundwedelnd diesem Dritten beizukommen versuchte, um wenigstens ein kleines Wörtchen äußern oder eher vorschlagen zu dürfen, wurde er oder sie sofort ganz und gar und sehr thomas-bernhardhaft zugrunde geredet und zugrunde gerichtet, und zwar auf eine sehr paranoide, verwundbare und allzu menschliche Weise. Ach, das war wunderbar, endlich, dachte ich, endlich mal ein wahrhafter MENSCH auf der Kulturbühne! »Ist das der wahrhafte M. B.?«, fragte ich flüsternd eine Nebenmirstehende. »Ja«, flüsterte sie, »er ist es!«

Zwar war ich bloß zufällig vorbeigekommen, um einen geliebten Pullover, auf den ich nicht verzichten konnte, abzuholen – nicht um dann schnell wieder zurück in die dänische Heimat zu laufen, ach, nein, mittlerweile war ich ja in Berlin richtig sesshaft und sogar, auf meine ausländerische Art und Weise, Teil von dieser deutschen Kulturwelt und Kulturbühne geworden, ich veröffentlichte hier meine Romane und in den verschiedenen Zeitungen ab und zu einen Essay oder eine kleine Erzählung und war plötzlich fast »jemand«, nämlich: diese mehr oder weniger wahrhafte M. N. –, doch als ich jetzt plötzlich hier stand und vor mir auf der Bühne diesen mehr oder weniger wahrhaften, aber echt und live wütenden Wutbürger sah, wurde mir gruselig klar, dass es nicht nur für ihn, nein, auch für mich keinen Weg mehr zurück gab, denn: Ich war so ekelig *eins* mit diesem durch-und-durch-deutschen Wutbürger, mit diesem geradezu Hassbürger und seinen jüdisch-bolschewistischen Selbstkorrekturen und Woody-Allen-jüdischen Relativierungen seiner eigenen mit einem einzigen Wunderschlag verrichteten Zugrunderichtung seiner Zeitgenossen, insbesondere derjenigen im deutschen Feuilleton- und Literaturkrähwinkel. Und vielleicht, wurde mir plötzlich klar, war ich das immer schon gewesen: schon im Dänemark meiner Kindheit und Jugendjahre, das eine kleine Parallelwelt zu Deutschland gewesen war; schon in der vierten Klasse, als ich von den marxistisch-leninistisch-maoistisch-materialistischen Praktikanten aus der pädagogischen Hochschule vor der ganzen Schule gerühmt worden war, weil ich auf einer Zeichnung das US-Dollarzeichen mit Kapitalistenzigarre und Ami-fetten Wangen entlarvt hatte; schon als ich mich 1987 und viel zu jung in das Psychologiestudium an der Universität in Aarhus verirrt hatte und mir als Allererstes im Curriculum *Das Kapital* auf den Kopf geschlagen worden war – der junge Professor hatte es, erzählte er am ersten Tag, immer auf seinem Nachttisch liegen und las jeden Abend vor dem Schlafengehen als eine Art Abendgebet ein Kapitel darin; und schon als ich aus der akademischen Welt in die der Rockmusik geflüchtet und 1989 von den Führern des dänischen DKP-Komsomol in die Sowjetunion entführt worden war, um dort für uns, als erste Nicht-Ost-Band, eine Tour-des-Imperiums zu organisieren, durch 15 Millionenstädte, mit Konzerten in den Dom Maladietjen, in Zirkussen, Eishockey- und Leninstadien, und zwar mit einem Zug, den wir von Gorbatschow-himself zur Verfügung gestellt bekommen hatten: die »Pojest-Propaganda« des sowjetischen Komsomol; denn natürlich hatte ich nicht *Das Kapital* gelesen, keine einzige Zeile, und selbstverständlich hatte ich als damals immer noch hübscher junger Mann in jeder neuen Millionenstadt ein sowjetisches Groupie-Mädel gevögelt und sie und ihre Mitsowjetjugendhippies auf der Bühne dazu aufgefordert, zum ersten Mal in ihren Leben gegen das Gesetz und die mehreren Hundert Milizia-Polizisten, die bewaffnet um den ganzen Saal, dicht an dicht, in einem Kreis standen, zu verstoßen und aufzustehen und mit uns zu tanzen und dadurch doch endlich diese gescheiterte Kommunisten-Utopie zu Fall zu bringen, was sie dann auch auf der Stelle und mit Erfolg taten: Exit Marx, Lenin und die übrigen Geister und Gespenster, die fast ein Jahrhundert lang nicht nur in Europa, sondern in der ganzen Welt umhergegangen waren. Und schon als debütierender Ich-Erzähler in den späten Neunzigerjahren musste ich mich im kleinen Land of DKay durch den hegemonialen Postmodernismus mit seiner »Ironie« und dem »freien unverbindlichen Spiel mit den Fragmenten der Kulturgeschichte« mit meinem körperlichen Ernst und meinem Das-Leib-und-Leben-auf-und-ins-Spiel-Setzen durchschlagen.

Vielleicht sollte ich, dachte ich, in der deutschen Fasanenbürgermenge stehend, jetzt, ob ich Lust habe oder eher nicht, tiefer in diesen falschen Spiegel schauen. Und schon am nächsten Tag hatte ich das kleinstmögliche und also, dachte ich, erträglichste Buch von ihm, das es in der Buchhandlung gab, und zwar ein kleines, billiges gelbes Reclam-Büchlein mit Best-of-M.-B.-Essays aus den letzten 30 Jahren, gekauft. Und es stellte sich heraus, dass es nicht so einfach gegen alles, was dem Schriftsteller auf seinem alltäglichen Spaziergang durch das Leben auffiel, wütete, nein, es wütete fokussiert gegen das Außenseiter-Sein, das Jude-in-Deutschland-Sein, gegen das Nicht-Deutscher-sein-Wollen, gegen die deutsche Konsenskultur, gegen den hier unmöglichen und verbotenen und also notwendigen Hass-Wagemut, den Hass und das »Wir«, das dem (freien) »Ich« gegenübersteht, gegen Identitätspolitik und Nationalismus, Rassismus, Feminismus usw., es wütete gegen alle die schlechten zeitgenössischen deutschen Autoren und deren schlechten Bücher und ihren fehlenden Hass-Wagemut auf den deutschen Bühnen und in den Feuilletons, es wütete *für* Individualismus, Freiheit, gute, feurige Feindschaften und die »einst so libertär offene, unnationalistische (BRD-deutsche) Gesellschaft« sowie für eine Literatur, deren Aufgabe es war, »verlogene Übereinkünfte zu benennen, zu sprengen und ad absurdum zu führen«, vor allem aber ging es in den gesamten Essays um *die Wahrheit*, und zwar nicht um die kleinen privaten Wahrheiten des Einzelnen, nein, das, was hier gesucht und gefordert wurde, war selbstverständlich die große gemeinsame und, ja, objektive Wahrheit, auf der unsere Gesellschaft wackelte und für die wir alle zusammen und jeder Einzelne von uns jeden Tag das Leben auf Spiel setzen und riskieren mussten, wenn wir nicht nur einfach überleben, sondern sinnvoll leben wollten als Menschen, als Gemeinschaften, JA!, dachte ich, schrie ich, JA!

In dem Buch wütete es also glänzend pestgelb, und doch, dachte ich, gab es auf der einen Seite die kleinen, für den Wahrsager risikofreien Wahrheiten und auf der anderen die GROSSEN und auch für den *Wahrschreiber* schwer zugänglichen und schmerzlichen und geradezu lebensgefährlichen Wahrheiten, um welche zu erkennen und auch noch zu benennen ein Schriftsteller sich selbst und seinen Leib, sein Leben und Schreiben riskieren muss. Und für mich, und vielleicht besonders für mich als Ausländerin, die im Gegensatz zu dem falschen M. B. glücklich ist, dass sie so spät in ihrem Leben in Deutschland eingewandert ist, dass sie nie eine Deutsche werden kann, schien es dann allmählich zu klein und provinziell und unriskant, wenn M. B. zum x-ten Mal die in meinen Augen kleinen, bösen, dummen Politiker und Feuilletonisten und die für die Gesellschaft mehr oder weniger und noch weniger gefährlichen AfDler, Neurechten und Feministinnen verhasste und völlig risikofrei und essenzialistisch-abstrakt nur als »die Deutschen« benannte oder zum y-ten Mal alle in diesem oder jedem beliebigen Jahr erschienenen Romanen und dessen Autoren, von denen ich nie in meinem Leben gehört hatte und nie wieder hören würde, zugrunde richtete.

NEIN, dachte ich, jetzt bei mir zu Hause am Stuttgarter Platz in dem scharfen Dunstabzugshaubenlicht im Stehen loslesend, dieser Wutbürger muss bitte sein Leben riskieren!, und das tat er auch hin und wieder: Nicht nur in den Essays, auch überall in seinen Geschichten tauchte die eigene jüdische Familie auf, und sie war alles andere als abstrakt, sie und diese allzu menschlichen, tief berührenden, armen, verloren gehenden Kafka-Käferwesen waren ewig-unvergesslich! Oder wenn er ein Buch und dessen Autor *empfahl* oder wenn der Wutbürger jetzt als alter Mann plötzlich Angst hatte und seine Mitmenschen bebend fragte: »Sind Sie auch ein Linksrechtsdeutscher? Von Ihren Antworten hängt ab, ob das Land, in dem Sie und ich leben, auch morgen noch demokratisch sein wird oder nicht. Und ob solche Texte, wie der, den Sie gerade gelesen haben, dort noch erscheinen können.« JA!

Es gibt sie, die GROSSEN Wahrheiten, dachte ich, um die zu benennen man erst den GROSSEN Teufeln begegnen und ihnen in die Augen schauen muss, was der falsche M. B. auch hin und wieder tat, und zwar vor allem in den zwei längsten Essays des pestgelben Büchleins: In »Die Schwierigkeit beim Sagen der Wahrheit« erzählte er, dass er jahrelang voll Hass gegen Bertolt Brecht und seine »dumpf-antibürgerliche, militant-kollektivistische Moral« gewütet hatte, bis er eines Tages zufällig ein Buch von ihm aufgeschlagen und mit einem Schlag begriffen hatte, dass B. B. sein eigener deutscher Vorgänger und stets auf der Suche nach *der Wahrheit* gewesen war, dass B. B. wie kein anderer gewusst und darauf insistiert hatte, dass man vor allem Feinde, Mut, Haltung und Moral haben müsse, und dass B. B.s oft als totalitaristisch-gefährlich bezeichnetes »Propagandastück« *Die Maßnahme* eigentlich »eine knisternde, herzergreifende, tragische Fabel« war. JA!, sagte ich laut und ganz alleine in der Küche stehend, JA!

Und er tat es auch in dem Essay, der eher ein kleiner Roman war, über ein kleines Ich und dessen Versuch, dem größten und unsterblichsten aller deutschen Teufel, Ernst Jünger, zu begegnen, indem es, also klein M. B., in E. J.s selbst gewähltes Exil außerhalb der Gegenwart, das heißt nach Wilflingen, reist und auf der Stelle zum Selbstmordbegehen deprimiert wird und sofort wieder weggehen will, aber trotzdem bleibt und insistiert und alle die kleinen Teufel der Stadt aufsucht und mit ihnen über die deutsche Geschichte, den Krieg, die Schuld, den Tod, die Autorität und zum Schluss über den Teufel E. J. *himself* spricht und sich streitet und wütet, um ihnen schließlich »trotzdem die Hand« zu geben, und nur einem nicht und nie begegnet und ihn zum Schluss nur im Vorbeigehen sieht: E. J., der Teufel *himself*. Und vielleicht deshalb, weil er ihm nicht begegnet und E. J. genau nicht da ist, hatte ich E. J. nie zuvor so klar und doch so unergründlich dargestellt gesehen.

Leider waren diese beiden großartig-großen Essays mehr als zwanzig Jahre alt, und ich befürchtete, in diesem fahlen Küchenlicht stehend, dass der Wutbürger seitdem alt und bang geworden war und dass er es vielleicht nicht mehr wagen würde, sein eigenes in den Essays ständig wieder erklärtes Diktum zu erfüllen: dass man als Schriftsteller raus ins Leben muss und die Wahrheiten suchen, sie researchen und ihnen in die Augen schauen muss, als Journalist, und erst dann als Autor einen Roman schreiben kann, ja, mir bangte, dass er jetzt tief in seinem Sessel in einer gutbürgerlichen Wohnung in Berlin-Mitte hockte und nicht mehr Teil von dem Leben war und nur über die Wirklichkeit schrieb und wütete, aber – auch wenn er ja nicht *ganz* tot war, ich hatte ihn schließlich ziemlich live gesehen, damals im Dezember im Literaturhaus – nicht mehr *da* war. Und so war es, dort, in dem nun mitternächtlich stillen Haus am Stuttgarter Platz nach der letzten Seite verwahrlost stehend, meine letzte Hoffnung, das ich ihm doch einmal im Leben begegnen würde, dass wir uns, ja, gerade hier unten in meinem geliebten Gasthaus Lentz eines grausamen Tages abends treffen würden, dass wir uns, am Tisch gegenübersitzend, jeder von uns seine Tagessuppe thomas-bernhardsch in-sich-hineinlöffelnd, mit jedem Löffelvoll Schlag für Schlag zugrunde richten würden, hinein in den »Freitod«, wie es auf Deutsch so wunderschön gesäubert heißt, in dieses verdammte, schmutzige

ENDE

*

Das Urteil

Im Winter 2016 verbrachte ich einen Monat in einem Schloss aus dem 16. Jahrhundert im schottischen Hochland, ohne Internet oder Telefon und meist auch ohne Heizung. Jeden eiskalten Abend lag ich in meinem Bett und las etwas aus dem Stapel an Büchern, die ich in der Schlossbibliothek gefunden hatte, darunter ein Band mit Virginia Woolfs Tagebüchern. Und an einem dieser Abende, am 19. Februar 2016, las ich, was sie fast genau hundert Jahre früher, am 9. Januar 1915, über ihre Begegnung mit einer Reihe »Kretins« – also jenen, die man in meiner Kindheit »Geisteskranke« genannt hatte und heutzutage »geistig Behinderte« nennt – geschrieben hatte:

> Auf dem Treidelpfad begegneten wir einer langen Reihe von Kretins, an denen wir vorbei mußten. Der erste war ein großer junger Mann, nur gerade so absonderlich, daß man zweimal hinschaute, mehr nicht; der zweite schlurfte & sah zur Seite; & dann begriff man, daß jeder einzelne in dieser langen Reihe eine elende untaugliche schlurfende idiotische Kreatur war, ohne Stirn, oder ohne Kinn, & mit einem blöden Grinsen, oder einem wilden mißtrauisch starrenden Blick. Es war absolut entsetzlich. Sie sollten wirklich getötet werden.

Es war ein Schock. Wie ich in *mein* Tagebuch schrieb: »Es ist absolut entsetzlich.« Virginia Woolf, die von aller Welt kanonisierte große englische Schriftstellerin und für viele auch Feministin, entlarvte sich mit diesem Zitat als Nazistin, als Fürsprecherin von Erb- und Rassenhygiene und Vernichtung derer, die abwichen von der Normalität.

Hat sie das wirklich geschrieben?, fragte ich mich, davon habe ich bisher nie irgendwo etwas gehört. War ich mir sicher, dass es keine Fake News waren? Ja. Es stand in den »autorisierten« Tagebüchern. Sieh selbst!

Das änderte meine Wahrnehmung von Virginia Woolf und von allem, was sie geschrieben hatte, grundlegend. Wirklich? Ja und nein. Es zwang mich, über ALLES, was sie geschrieben hatte, neu nachzudenken, auch über *Zum Leuchtturm* und *Miss Dalloway*, meine beiden Woolf-Bibeln. Aber es bedeutete nicht, dass ich aufhören würde, Virginia Woolf zu lesen, im Gegenteil, ich las sie aufs Neue.

Und noch wichtiger: Es unterstrich, dass jeder Schriftsteller in einer bestimmten Zeit schreibt, die ihre eigene Sprache mit je ganz besonderen und auch entsetzlichen Möglichkeiten und entsprechenden Begrenzungen hat, untrennbar verbunden mit einer spezifischen Denkart, Ideologie und mit dem Zeitgeist. Im Jahr 1915 waren Eugenik und Erblehre progressiv, war es nicht pervers, sondern eher zeittypisch zu denken und schreiben, dass Menschen, die man heute geistig behindert nennt, getötet werden sollten. Hieß das aber, dass Woolf unschuldiges Kind ihrer Zeit gewesen war? Nein! Auch 1915 hatte sie die Möglichkeit, ja geradezu die Verpflichtung, gegen den Zeitgeist zu denken und zu schreiben, es hatte 1915 doch viele gegeben, die sich zur Eugenik kritisch verhielten und eben nicht meinten, dass »Kretins«, »Geisteskranke« oder »geistig Behinderte« umgebracht werden sollten oder entsetzlich anzusehen waren. Woolf hätte durchaus anders denken und schreiben können – aber dennoch und nochmals: Ich habe nicht aufgehört, Virginia Woolf zu lesen, im Gegenteil, ich werde sie lesen till the day I die, wenngleich mit anderer Aufmerksamkeit.

Und *jetzt* Peter Handke? Hat er den Nobelpreis verdient? Ein »Faschist«, der sich mit dem Kriegsverbrecher Radovan Karadžić getroffen (und »Werke« mit ihm getauscht!) und eine Rede bei Milošević' Begräbnis gehalten hat? Oder wichtiger: Kann man Handke, trotz allem, was er getan und gesagt und geschrieben hat, immer noch lesen? Und was hat er eigentlich geschrieben? »Gibt es eigentlich«, wie ein Bekannter, der nicht wie ich ziemlich viel zu viel von Handke gelesen hat, als die Debatte tobte, schrieb, »irgendein eindeutiges Zitat, bei dem man unzweifelhaft sagen kann, ha!, da haben wir's, der Mann ist Faschist, Völkermordleugner, Kriegsverbrecher etc.? Denn bis jetzt habe ich in all den empörten Kommentaren kein einziges solches Zitat gesehen.«

Mal sehen! Handkes Schriften über Serbien und Ex-Jugoslawien bestehen alles in allem aus acht Büchern, im Zeitraum von zwei Jahrzehnten geschrieben, von 1991 bis 2011, und da Handkes Verlag Suhrkamp sie 2018 mit beispielhafter Voraussicht in einem Band der sogenannten »Handke Bibliothek« gesammelt hat, liegt es nahe, sie alle und wie in einer Bewegung zu lesen – eine Entwicklungsgeschichte von Peter Handkes Verhältnis zu Serbien und Ex-Jugoslawien.

Bereits auf der ersten Seite des ersten der acht Bücher, *Abschied des Träumers vom Neunten Land. Eine Wirklichkeit, die vergangen ist: Erinnerung an Slowenien*, reicht Handke uns einen entscheidenden Schlüssel für die ganze »Geschichte«: Damit Handke den Grund für etwas – einen Krieg, eine Intervention, die Bildung neuer Staaten usw. – verstehen kann, muss er ihn erst *sehen*: »Das Hauptwort ›Grund‹ kann, für mich jedenfalls, nur bestehen zusammen mit dem Zeitwort ›sehen‹.« Und etwas weiter unten auf der Seite: »Das Land Slowenien [...] betrachte ich als eine der wenigen Sachen, welche bei mir zusammengehören mit dem Beiwort ›mein‹; Sache nicht meines Besitzes, sondern meines Lebens.«

Peter Handke wuchs in Österreich nahe der slowenischen Grenze auf, die Dorfgemeinde war »österreichisch-slowenisch«, beide Sprachen und ihre Sprachrohre waren lebendig ineinander gesponnen und miteinander verheiratet, und da Handke 1942 geboren worden war, war Slowenien bis 1991 und also sein ganzes bis dahin bewusstes Leben lang ein Teil von Jugoslawien gewesen. Mit Fug und Recht, das erlebte Handke von früher Jugend an auf Reisen nach Jugoslawien: Wie in seinem eigenen Dorf waren auch in Jugoslawien verschiedene Völker, Sprachen und Religionen nicht bloß friedlich, sondern glücklich und vorbildlich ineinandergelebt, und zwar bis ganz in die einzelnen Familien hinein: »Damals war es auch, dass Jugoslawien mir das wirklichste Land in Europa bedeutete.« Darum kann Handke nicht den Grund für den plötzlichen Nationalismus in den einzelnen Teilstaaten Ende der Achtziger, die daraus resultierenden Bürgerkriege und die slowenische Unabhängigkeitserklärung im Jahr 1991 begreifen. Er muss den Grund sehen, also reist er 1990 und 1991 mehre Male in *sein* Slowenien, wo er alten Freunden begegnet, die plötzlich, statt miteinander zu reden, nationalistische Monologe runterleiern. Er sieht die Spaltung von Milieus und Familien und hört von brutalen Erschießungen, doch *einen Grund* für ein selbstständiges Slowenien sieht er nicht.

Im Lauf der folgenden vier Jahre wüten Bürgerkriege in dem, was nun endgültig Ex-Jugoslawien zu sein scheint, und die internationale Gemeinschaft (lies »der Westen«) nimmt die Region in den Blick, wird aber bald mit hineingesogen und selbst Kriegspartei. Im Lauf der vier Jahre entsteht – nicht zuletzt in den internationalen Medien – der Konsens, die Serben seien »die Aggressoren«. Für Handke ist Serbien »das mir von allen Ländern Jugoslawiens [...] am wenigsten bekannte«. Darum, aber »vor allem der Kriege wegen«, verspürt er zunehmend den Drang, »in das Land der allgemein so genannten ›Aggressoren‹« zu reisen, denn, nicht zuletzt,

> beinah alle Bilder und Berichte der letzten vier Jahre kamen ja von der einen Seite der Fronten oder Grenzen, und wenn sie zwischendurch auch einmal von der anderen kamen, erschienen sie mir [...] als *Ver*spiegelungen in unseren Sehzellen selber, und jedenfalls nicht als Augenzeugenschaft. Es drängte mich hinter den Spiegel; es drängte mich zur Reise in das mit jedem Artikel, jedem Kommentar, jeder Analyse unbekanntere [...] Land Serbien.

Mit zwei serbischen Freunden reist er also im Herbst 1995 nach Belgrad, von wo aus sie zwei kleine Expeditionsfahrten aufs Land machen. Auf dieser Grundlage entsteht das zweite Buch, der Augenzeugenbericht mit dem Untertitel *Gerechtigkeit für Serbien*. Und hier ist der Ort, um auf einen weiteren entscheidenden (und in der Debatte verblüffend selten erwähnten) Schlüssel für die Geschichte von Handke und Serbien aufmerksam zu machen: Bevor Peter Handke Schriftsteller wurde, hatte er, der sich seit seiner frühen Kindheit für Kriminalromane, Gerichtsprozesse und Fragen von Schuld und Unschuld, Urteil und Strafe usw. interessierte, an der Universität Graz vier Jahre lang Jura studiert. Der Titel *Gerechtigkeit für Serbien* ist also nicht als parteiische Stellungnahme zu verstehen, sondern als juristischer und rechtlicher Imperativ: Ehe ein »Aggressor« benannt und eine der Kriegsparteien verurteilt wird, sind alle Parteien gleichberechtigt anzuhören. Und da die internationalen Medien in Handkes Augen einseitig der einen Partei – den Bosniern, Slowenen, Mazedoniern, Kroaten … – zugehört und über sie berichtet haben, aber im Großen und Ganzen nicht der anderen Partei, den Serben, will Handke das nun auf eigene Faust tun.

Anfangs stellt Handke sich in den Kriegen gegen die restlichen ex-jugoslawischen Länder also nicht auf die Seite der Serben, sondern auf die Seite der Gerechtigkeit gegen die internationale Öffentlichkeit, und vor allem gegen die Medien: Das Anfangskapitel ist eine lange Anklageschrift gegen die internationalen Medien (stellenweise recht schrill, es ist deutlich, dass das Buch ursprünglich in Form zweier langer Artikel in der *Süd-*

deutschen Zeitung erschien und sich somit der Medienöffentlichkeit einschreibt, die er kritisiert).

Aber dann folgen die Augenzeugenberichte, und hier treten Handkes besondere und besonders preiswürdige Qualitäten als Augenzeuge *und* als Schriftsteller exemplarisch zutage. Auch als Augenzeuge ist seine Poetik eine Abrechnung mit dem herrschenden Journalismus: Er will sich nicht nur im Zentrum, den Großstädten, bewegen und von dort berichten, »sondern, vor allem, in den kleinen Städten und den Dörfern, und womöglich zeitweise auch fern von jeder Ansiedlung«. Nicht bloß den Menschen will er zuhören, auch dem Land selbst, der Landschaft und der Witterung, den Tieren, Pflanzen und noch dem kleinsten, geringsten Ding, ja genau dem, und im Gegensatz zu den Journalisten nicht bloß dem Wichtigen, Wesentlichen und zur Sache Gehörenden, sondern auch den »Nebensachen«, ja dem Nebensächlichen, all dem Unauffälligen und »Verbindende[n]«, dem »Umfassende[n]« Aufmerksamkeit schenken.

Viel geschieht nicht in seiner Erzählung. Er befindet sich in einer vom Krieg verwüsteten Landschaft, aber nicht an der Front, und doch ist die Front überall, noch im kleinsten, geringsten Ding. Gemeinsam mit seinen Freunden verbringt Handke ein paar Tage in Belgrad, geht durch die Stadt, schaut sich um. Danach steigen sie ins Auto und besuchen die Eltern des einen Serben auf einem Hof südöstlich von Belgrad, später fahren sie zu einem Kloster im südlichen Bergland. Und endlich begeben sie sich auf eine längere Reise durch die Berge in das Dorf Bajina Bašta, das jetzt plötzlich an der Grenze zu Bosnien-Herzegowina liegt. Sie besuchen die Ex-Frau und die Tochter des anderen Serben und werden mehrere Tage im Hotel Drina eingeschneit. Nur ein Mal macht sich Handke allein auf, an einem Morgen, den Grenzfluss Drina entlang, und sieht auf die andere Seite hinüber in das jetzt andere Land, wo alles verlassen scheint, Bombengelände, Ruinen, weder Tiere noch Menschen.

Was sieht er sonst noch? Kleinigkeiten, das Allergeringste. Das, was verbindet und umfasst. Er hockt sich ans Ufer des Flusses, und »Flußabwärts, vielleicht kaum dreißig Kilometer weg, sollte das Gebiet der Enklave von Srebrenica beginnen. Eine Kindersandale dümpelte zu meinen Füßen. ›Du willst doch nicht auch noch das Massaker von Srebrenica in Frage stellen?‹«, fragt seine Frau bei der Rückkehr nach Paris. »›Nein‹, sagte ich. »Aber ich möchte dazu fragen, wie ein solches Massaker denn zu erklären ist, begangen, so heißt es, unter den Augen der Weltöffentlichkeit, [...] und noch dazu, wie es heißt, als ein organisiertes, systematisches, lang vorgeplantes Hinrichten.‹ *Warum* solch ein Tausendfachschlachten? Was war der *Beweg*grund? *Wozu*? Und warum«, fragt er die internationale Medienöffentlichkeit, »statt einer Ursachen-Ausforschung [...] wieder nichts als der nackte, geile, marktbestimmte Fakten- und Scheinfakten-Verkauf?« Auch in der Frage des wohl berüchtigtsten Ereignisses der Kriege in Ex-Jugoslawien plädiert Handke also für Gerechtigkeit und Klarlegung von Ursachen und Beweggründen, um erst dadurch ein Urteil zu ermöglichen. Darum schreibt er, was am häufigsten als Beweis für seine Faktenverleugnung und Geschichtsrelativierung angeführt wurde, vom »mutmaßlichen [...] Genozid von S[rebrenica]«. *Mutmaßlich*?!, dachte auch ich mit Schaudern, als ich es zum ersten Mal las, die ganze Welt *weiß* doch ... Nein, antwortet Handke damals im Jahr 1996, denn »im Augenblick, Mitte Juli 1996«, ist mutmaßlich »immer noch das richtige und rechtliche Beiwort«.

Und das ist wohl das bisweilen Unerträgliche an Handkes Verhältnis zur Gegenwart und zur Geschichte: Selbst in Augenblicken, da die Tatsachen offensichtlich zum Himmel schreien und eine unmittelbare Reaktion erforderlich machen, besteht Handke auf Langsamkeit, Nachforschung, Zivilisation. Eine unmenschliche Forderung – es gibt keinen objektiven Blick, jeder Mensch ist von vornherein ein lebendiger Teil der Geschichte und ihr eingeschrieben. Auch Handke. Was er nur zu gut weiß. Er selbst besteht darauf, dass sein Schreiben nicht objektiv ist. »Ich«, schreibt, insistiert er immer wieder. Und dieses »Ich« ist zum Irrtum verurteilt. Wie jedes andere Ich, auch dieses. Urteile selbst.

In einem Artikel in der *Frankfurter Allgemeinen Zeitung* hat der Germanist Jürgen Brokoff bereits 2010 *sein* unmittelbar sehr überzeugendes Urteil geliefert, indem er anhand von kleinen, mit chirurgischer Präzision ausgeschnittenen Zitaten aus Handkes Serbien-Schriften zu beweisen scheint:

> der eigentliche Sündenfall dieses Autors ereignet sich nicht auf dem Feld des Politischen, sondern auf dem Feld des Literarischen. Die textstrategisch äußerst geschickten Anleihen bei der Sprache des serbischen Nationalismus, seine antimus-

limischen und antialbanischen Insinuationen auf der symbolischen Ebene und seine Verhöhnung der muslimischen Opfer des Bosnien-Krieges machen dies deutlich.

Ist das die Wahrheit, das gerechte Urteil?

Als Handke von seiner ersten Serbien-Reise nach Paris zurückkehrt, sind die Medien voller Bilder und Fakten über den Krieg, doch die Menschen um ihn herum auf den Straßen scheinen vollkommen unbeeindruckt, und das, obwohl ihre Kriegsflugzeuge und die der übrigen NATO-Bürger rund um die Uhr von dem Militärflugplatz vor der Stadt abheben und über ihre Köpfe fliegen. Es herrscht business as usual, eine in Handkes Augen perverse Oberflächlichkeit, hier gibt es kein *Dasein*, das Leben ist nicht *im*, steht nicht *auf* dem Spiel, und er sehnt sich zurück zu der »Wirklichkeit« in Serbien. Und hier spüre ich eine Parallele zu meinem eigenen Leben als Augenzeuge und Schriftsteller: Als ich 2004 von einer einmonatigen Reise durch den vom Krieg verwüsteten Irak nach Dänemark zurückkehrte, kam mir das Leben dort plötzlich auch daseinslos und unwirklich vor. Wie Handke war auch ich nie zuvor in meinem Leben in einer Kriegszone gewesen, auch ich hatte ein bisher nie gekanntes Dasein erlebt, jeder Augenblick und jedes kleine Ding hatten geradezu vor Intensität und Wirklichkeit gezittert. Wie ich 2004 erlebt Handke 1996 eine Art Kriegskorrespondenten-Syndrom, einen narkotischen Sog zurück in den Ausnahmezustand und in die »Wirklichkeit«.

Wenige Monate später, im Frühling 1996, bricht Handke zu seiner zweiten Serbien-Reise auf. Und hier ist es schon gleichsam um ihn geschehen. Anstelle des verlorenen Landes Slowenien sind Serbien und »das serbische Volk« jetzt – im dritten Buch, *Sommerlicher Nachtrag zu einer winterlichen Reise* – ein Teil seines Lebens und seiner Biografie geworden.

Diese zweite Reise ist auch eine Grenzüberschreitung: von Serbien über die Drina nach Bosnien und damit hinein in das Gebiet, wo die zahllosen Bürgerkriegshandlungen der Jahre und Monate zuvor ethische Abgründe aufgetan hatten. Der erste Halt ist Višegrad, die Stadt, in der sich die Handlung von *Die Brücke über die Drina* abspielt, Ivo Andrićs berühmtem Roman, und damit die ganze multiethnische Vorgeschichte Jugoslawiens und der Kriege, die Stadt, die noch vor wenigen Jahren zu zwei Dritteln von bosnischen Muslimen bevölkert war, aber jetzt, abgesehen von vereinzelten heimgekehrten Serben und serbischen Flüchtlingen aus den nun fast rein muslimischen Teilen Bosniens, beinahe verlassen daliegt.

Auch dieses Mal kommt Handke nicht, um wie ein Journalist Fragen zu stellen, sondern um als Zeuge denen zuzuhören, die *jetzt* da sind – nicht den überlebenden muslimischen Opfer der serbischen ethnischen Säuberung, die drei Jahre zuvor stattgefunden hatte, sondern im Gegenteil dem »mutmaßliche« Tätervolk –, und im Jetzt vielleicht die Vorgeschichte zu erahnen und damit das *Warum* und *Wie konnte es geschehen*, wonach er am Ende des vorhergehenden Buches gefragt hat.

Und was erfährt, was sieht er? Zunächst eine Geisterstadt, verlassene Straßen. Erst am Sonntag sickern die

Menschen schweigend aus den Häusern und versammeln sich zur Messe in der Kirche und setzen sich hinterher je auf das Familiengrab ihrer im Krieg gestorbenen Söhne, Männer und Väter. Und Handke und seine zwei serbischen Mitreisenden setzen sich zu ihnen. Und hören zu. Und plötzlich wenden sich die Ortsbewohner wie mit einer Stimme an Handke. Nicht im Zorn auf die Muslime, aber auch nicht als reuevolle Mitschuldige an den ethnischen Säuberungen, nein, vielmehr als Ignorierte und von der internationalen Gemeinschaft Verleugnete und Verniemandete. In ihrem Zornesausbruch hört Handke vor allem Trauer, eine Trauer, die nicht bloß sie selbst umfasst, sondern die ganze Stadt und das Land und alle, die einmal waren, ungeachtet ihrer ethnischen Herkunft und ihrer Religion.

Von Višegrad fahren sie schließlich bis tief ins Tal zu dem schwarzen Loch des Krieges und der Geschichte: Srebrenica. Und hier kommt es zu einem »Problem des Weitererzählens«. Sie sind nur wenige Stunden dort, und Handkes Augenzeugenbericht wird zu keinem Bericht, sondern zu einer »Arabeske« aus »Kleinstbild[ern]«, über die er später, als er sich in Paris ans Schreiben macht, nicht mehr mit Sicherheit sagen kann, ob er sie überhaupt *wirklich* gesehen hat. Eine Stadt, die keine Stadt mehr ist, ohne Zukunft, aber »auch nicht einmal der leiseste Anhauch gleichwelcher Gegenwart«. Die vereinzelten Gestalten sind lebende Tote, Gespenster, ein Mann, der »auf der einstigen Hauptstraße, der jetzigen Trümmerpiste, an uns vorbeizog, mit zurückgelegtem Kopf und weitgeöffneten Augen, wie geblendet«.

Und der Augenzeuge selbst? Mit jeder neuen Reise, jeder Seite, jedem Satz wird Handke mehr und mehr Teil der Geschichte und isoliert sich mehr und mehr mit den Serben vor der Weltöffentlichkeit. In *Gerechtigkeit für Serbien* stand die Anklage der Medien gesondert als Vor- und Nachwort zum eigentlichen Augenzeugenbericht, doch hier, im dritten Buch, ist die Anklageschrift völlig in den Augenzeugenbericht hineinverwoben. Und die Anklage*ausbrüche* werden (folglich?) immer paranoider und schlingern bisweilen zum Schaudern nah an der Grenze des Plausiblen und Rechtlichen. Es kommt allmählich zu einer Essenzialisierung, die Serben sind mitunter keine Bevölkerung aus weit verschiedenen Menschenleben in lebenslangem Wandel mehr, sondern »das serbische Volk«, und mit seiner Forderung, genau hinzuhören und Ursachenforschung zu betreiben, scheint er mehrmals nahe dran, infrage zu stellen, nicht ob die Ereignisse, über die international Konsens herrscht, stattgefunden haben, sondern ob sie wirklich *so*, wie es heißt, stattgefunden haben. Aber ganz überlässt er sich diesem Gedanken dann doch nicht: »Wie solch ein Klarstellen der Vorgeschichte nichts mit Aufrechnung zu schaffen hat, so selbstredend auch gar nichts mit einer Relativierung oder Abschwächung. Für die Rache gilt kein Milderungsgrund.«

Im März 1999 beginnt die NATO ihren 78 Tage langen Bombenkrieg gegen den serbischen Rest Jugoslawiens, und aus Solidarität mit seinem neuen Volk reist Handke im April nach Serbien, um die Bomben mit eigenen Augen und Ohren fallen zu sehen und zu hören und um der Geschichte eine andere Sprache zu geben als das Fakten- und Bildbombardement der Medien: »Eine andere Sprache; oder auch nur ein anderer Tonfall, für J[ugoslawien], für alle Länder!«

Auch in dem vierten Buch, *Unter Tränen fragend,* geschieht nicht viel. Was er beschreibt, sind wieder die kleinsten Dinge und Stimmungen – keine Kriegseuphorie, eher Apathie und kollektives Nach-Leben – und nicht zuletzt: die mangelnde Proportion der serbischen Konfliktpartei gegenüber der postmodernen Überlegenheit der NATO-Mächte mit ihren Präzisionsbombenwürfen, die auf einen Schlag das Innere eines zwanzigstöckigen Gebäudes vernichteten, aber die Hülle stehen ließen, sodass das Gebäude von außen, aus dem Blickwinkel der Serben und von Handke, immer noch unversehrt wirkte.

> [*D*]*as* Bild dieser Kriegsreise [...]: in einem einzelnen Baum neben der zertrümmerten TV-Anstalt die von der Bombe ins Freie geschleuderten Film- und Ton-Kassettenbänder, da wie absichtliche Girlanden von den untersten Ästen bis in die grünende Krone verflochten, und so glitzernd, schwingend, silberhell blinkend in dieser Morgensonne [...].

Handkes Serbien-Schriften sind zu diesem Zeitpunkt bereits berüchtigt, entsprechend paranoid fällt seine Kritik der Medien und der internationalen Gemeinschaft, die manchmal als den Anklagen der Welt gegen sich selbst zuvorkommenden Klammer-Blasen herausplatzt, aus : »(Achtung: Kriegspoesie)«, »(Achtung, antiamerikanisch!)«, »(Achtung, Mitschuld des ausländischen Proserben, daß das serbische Volk weiterhin in seiner schuldhaften Unwissenheit und Verblendung verharrt!)« Doch außerhalb der Klammern, im weitaus größten Teil des Buchs, ist die Stimmung eine ganz andere, gegenwartsverlassene:

> Sonne, Blau. Leerer See, ohne Boote. Im Wald noch Buschwindröschen. Auf den fernen Straßen ab und zu ein Bus [...] oder ein Traktor. Genauso vereinzelt Radfahrer wie müßig unterwegs, am See entlang. Eine Frau mit Kinderwagen. Ein Kind allein. Kein Laut. Keine Stimme. Von einer riesigen Wasserratte sich wellender See. Vorstellung einer Menschheit am Ende? Am Ziel?

Um die Jahrtausendwende wandelt sich die Szene: Statt nach Serbien reist Handke mehrmals zum UN-Kriegsverbrechertribunal für das ehemalige Jugoslawien in Den Haag. Wieder kommt er als Zeuge – anscheinend niemandem stellt er eine Frage, er betrachtet, hört, beschreibt, wundert sich, noch das kleinste Detail wird in dem Buch mit dem sprechenden Titel *Rund um das Große Tribunal* beschrieben, das Gerichtsgebäude, aber auch das umliegende Viertel, das Allernebensächlichste: leere Reihenhauswohnzimmer durch die großen Fenster betrachtet, die Krokusse am Straßenrand nehmen mehr Raum ein als der Prozess – und, und jetzt gleichsam auf Lebenszeit, vom Schicksal gezeichnet, als ein Als-ob-Serbe. Noch der kleinsten Dinge wegen kommt er, aber auch wegen der Prozesse gegen Nicht-Serben, welche die vorurteilenden Medien aus Handkes Sicht bewusst übersehen. So beschreibt er einen Zeugen, der zufälligerweise im gleichen Hotel wie Handke wohnt, in einem Prozess gegen einen bosnischen Lagerwärter und mutmaßlichen Mittäter an den Misshandlungen im Čelebići-Lager, beschreibt aber nicht dessen Aussagen über die »monotonen Quälereien« im Lager, sondern das Nebensächliche, »eine kleine Episode in seiner Erzählung«: Der ältere, arme, zerschlissene Waldarbeiter erzählt plötzlich davon, wie er und die restlichen Serben zusammen- und auf einen viele Tage langen Marsch durch die Wälder getrieben wurden, in denen er sein ganzes Leben lang gearbeitet hatte, wie ihm aber während des Marsches der Wald wildfremd wurde, er hatte keine Ahnung mehr, wo er war, »und da wollte ich nur noch sterben«. Beim Frühstück im Hotel sieht Handke, wie sich der alte Serbe jedes Mal, wenn er zum Büffet geht, raus in den Flur verirrt und nicht an seinen Platz zurückfindet.

Was im Feuilletonverfahren gegen Handke oft übersehen wird: Er kommt nach Den Haag nicht als Journalist, aber auch nicht bloß als Schriftsteller, sondern als Rechtswissenschaftler, der seit seiner Jugend »ein begeisterter Gerichts- und Gefängnisbesucher« ist. »Ich wollte die jeweiligen Angeklagten sehen [...]. Ich wollte das Gesicht des oder der Angeklagten sehen und betrachten, möglichst nah [...].« Er wohnt dem Prozess gegen den ehemaligen serbischen Präsidenten Milošević bei wie ein *passionierter*, aber auch *sachlicher* Jurist: Der Jurist Handke meint unter anderem, dass die Rechtsgrundlage, je weiter sich die Anklage die Vorgesetztenleiter hoch von den Tätern entfernt, schwächer und schwächer wird, und verschwindend gering ist, wenn sie wie im Prozess gegen Milošević ganz oben anlangt bei einem, der möglicherweise keine Kenntnis von dem konkreten Verbrechen hatte, aber als Staatschef prinzipiell die oberste Verantwortung trägt.

Doch in *Die Tablas von Daimiel* geschieht, was nicht geschehen darf, weder dem Juristen noch dem Schriftsteller, aber beinahe wie eine schicksalsbestimmte letzte Konsequenz der Bewegung scheint, die sich beim Lesen der gesammelten Serbien-Schriften zeigt: Handke wird jetzt selbst auf die Bühne gerufen, als Serbien-Experte und Zeuge für den angeklagten Milošević. Wird die Schrift jetzt eine Verteidigungsschrift? Nein, im Gegenteil, das sechste Buch zeugt von dem jeweils unüberwindbaren Abgrund zwischen journalistischer, bürokratischer, Milošević- und besonderer Handke-Sprache. Handke wird gebeten, vorab ein schriftliches »Expertenzeugnis« einzureichen, wohlgemerkt »in the correct form«. Doch *das* kann Handke am allerwenigsten. Seine Sprache ist der »correct form« genau entgegengesetzt.

Stattdessen beschließt er, den Angeklagten im Gefängnis zu besuchen. Und man könnte erwarten, die Begegnung mit Milošević von Angesicht zu Angesicht wäre die Hauptszene der ganzen Serbiengeschichte. Stattdessen ist sie ihr Nullpunkt: Milošević redet drei Stunden lang energisch und ununterbrochen. Handke verliert die Konzentration und sieht aus dem Fenster auf das kleinste, belangloseste Ding usw.

Die Geschichte hat bekanntlich kein Ende: 2008 erklärt der Kosovo seine Unabhängigkeit und wird dann natürlich auch ethnisch aufgeteilt, die Serben, das ehemalige »Herrenvolk«, werden gewaltsam vertrieben oder ziehen von allein weg, und nur ein letzter Rest bleibt. Einen solchen letzten Rest, das Dorf Velika Hoća, besucht Handke, natürlich um die Menschen zu betrachten, ihnen zuzuhören und davon in *Die Kuckucke von Velika Hoća. Eine Nachschrift.* Zeugnis abzulegen. Usw.

Und nun, Madame, at the end of the book: Ihr Urteil über die Serbien-Schriften, diesen Schandfleck im Werk des großen Nobelpreisträgers? Sind sie die endgültige Disqualifizierung des Nobelpreisträgers, Schriftstellers und *Menschen* Peter Handke?

Im Gegenteil, sie sind das Hauptwerk. In ihnen steht das Leben und das Verhältnis des einzelnen Menschen – deines und meines und das des Schriftstellers – zur Geschichte auf dem Spiel. In seiner Komplexität, das die Schriften *bis ins kleinste Detail* schildern. Wir sehen in ihnen die Welt und die Geschichte unserer Zeit aufs Neue, in einer anderen Sprache, und jede für sich ist ein Skandal. Die Schriften beweisen die Notwendigkeit einer anderen Sprache als der des Zeitgeistes und der Medien. Und zugleich zeigen sie die Begrenzung dieser anderen Sprache auf: das, was sie *nicht* erfasst, sowie die menschliche Begrenzung, das Allzumenschliche, das an den Grenzen dieser anderen Sprache sichtbar wird: der Schriftsteller und das Problemkind selbst.

Die Serbien-Bücher sind weit besser und wichtiger als Handkes groooße Romane und „Märchen“ mit all ihrer »Poesie«, all ihrem »Fantasieren«. Romane, in denen alle Personen am meisten dem Schriftsteller selbst ähneln. Handke ist viel besser darin, das und die wirklich Seiende(n) zu beschreiben als zu fantasieren. Die Sprache der Serbien-Schriften ist ostentativ nicht-journalistisch, doch sie ist auch nicht, wie die Anklage oft lautet, »poetisch« oder »Geschichte poetisierend«; es ist schlicht und einfach eine andere Sprache, die die Welt und unsere Geschichte auf ganz andere Weise *erfasst* und *wiedergibt*. Im Gegensatz zu den Medien, die nur *jetzt* sind, ist Handke auch *hier* und nimmt sich an den geglücktesten Tagen und Stellen Zeit, nicht etwas nachzusehen oder etwas vorzuhaben, sondern nur zu sein und die Umgebung einwirken zu lassen, zu betrachten und nicht zu durchschauen, sondern bloß hineinzusehen in die Menschen und ihr Verhältnis zueinander, ihre persönlichen und kollektiven Erinnerungen, ihre Vergangenheit und ihre mangelnde Zukunft. Sich zu wundern. Und dieses Wundern wiederzugeben. Zu erzählen.

Handke ist nicht *nur* paranoid, wenn er *jetzt* auf seine alten, preiswürdigen Tage Interviews verweigert – über die Serbien-»Sache«, und überhaupt. »Von keinem Menschen höre ich, dass er irgendetwas von mir gelesen hat!«, zischt er und hat recht: Es reicht nicht – wie in diesem Essay – bloß zu zitieren, man muss sich durch die ganze Bewegung lesen, um zu verstehen, wie komplex die Schriften und auch die Geschichte von Handkes Rolle in der großen Geschichte Ex-Jugoslawiens sind – und wie heterogen und komplex und verdammt noch mal voller Blasen und schwarzer Löcher die Schriften wie auch die *Geschichte*. Sie sind keine geschliffene literarische *Belle*tristik, sondern im Gegenteil schmutzig. Wie die Welt, die Menschen usw.

Und der obengenannte und bis JETZT cliffhängende Herr Brokoff hat natürlich auf seine eigene einschränkende Art recht: Es ist möglich, aus der Bewegung der Serbien-Schriften Zitate herauszusezieren und sie, als Beweise in einer Urteilsverkündung, gegen den Schriftsteller zu wenden. Es ist bloß nicht gerecht, und es ist zu einfach. In dieser Welt und gegenüber diesem Gesamtwerk ist es fake, aber effektiv, zu vereinfachen, das sagt uns der Zeitgeist mit seinen Archetypen Twitter & Trump, aber es führt nicht zu dem tieferen Verständnis der Welt, der Sprache, der Menschen und der Geschichte, das die Voraussetzung wäre, um die Welt, die Sprache, die Menschen und die Geschichte zu verändern und der Welt eine neue Ordnung zu geben.

Sollen wir also wirklich, ja, können wir es überhaupt verantworten, Peter Handke zu lesen – und Virginia Woolf, Celine, Hamsun, Ernst Jünger und den wegen Körperverletzung (Schusswaffengebrauch!) verurteilten jungen dänischen Dichter Yahya Hassan? JA! Die künstlerische Meinungsfreiheit ist nicht zuletzt *unsere* mögliche Freiheit: die Freiheit, selbst Verantwortung zu ergreifen und die Welt zu sehen, zu lesen, zu hören, zu verstehen und zu beurteilen!

*

Der Tod meines Vaters

Am 6. Mai 1963 wurde ich namenlos in der Geburtsanstalt Aarhus in Dänemark geboren, 69 Tage danach auf den Namen Claus Beck-Nielsen getauft, und ein kurzes Leben später, am 11. September 2001, erklärte ich Claus Beck-Nielsen für tot. Übrig auf der Welt blieb nur ein namenloser Körper. Seitdem ist meine Biografie – anfangs nur in Dänemark, jetzt allmählich weltweit – zu einem Mythos geworden.

Im Jahr 2003 erschien *Claus Beck-Nielsen (1963–2001)*, eine autorenlose Biografie, die der dänischen Tageszeitung *Information* zufolge »das Ereignis« war, welches die dänische Literaturgeschichte ins 21. Jahrhundert katapultierte. Die skandinavischen Literaturwissenschaftler mussten ganz neue Kategorien, Theorien und Begriffe entwickeln, um dieses mysteriöse Buch und dessen Subjekt und überhaupt diese neue Form literarischen Schreibens zu begreifen. Kleine universitäre Gemeinden entstanden um Begriffe wie »Doppelvertrag«, »performativer Biografismus« und »skandinavische Autofiktion«. Eine Spaltung entstand zwischen jenen, die behaupteten, dass ich – der in den ersten zehn Jahren Namenlose – ein Geist, also ein toter Lebendiger, oder ein Zombie, also ein lebendiger, umherwandernder Toter, sei. Eine dritte Fraktion – hauptsächlich Journalisten, die ja immer behaupten, die objektive Wirklichkeit zu vertreten – bestand auf ihr Recht, mich weiterhin Claus Beck-Nielsen zu nennen.

Gleichzeitig mehrten sich die Biografien über mich und den Toten wie ein Virus, ein Myzel, und wuchsen sich ad absurdum zu endlos vielen Leben aus. In *Kraks Blå Bog* – dem dänischen *Who's Who* – aus dem Jahr 2008 steht über Claus Beck-Nielsen unter anderem, dass er »Visiting Professor at the Hochschule der Biographischen Kunst in Dresden; Resident Fellow in the Staging of Democracy at Georgetown University and Consultant in Media Strategies for the International Republican Institute, AIPAC Washington, D. C., and Shora-ye Negah-ban-e Qanun-e Assassi, Tehran« ist. Claus Beck-Nielsen war 2008 also medienstrategischer Ratgeber für die wichtigste pro-israelische Lobby in den USA und für die zwölf höchsten Mullahs des iranischen »Wächterrats«.

Irgendwann wird es einem zu viel, selbst für einen Autor. Und so nahm ich 2013 wieder einen Namen an, Madame Nielsen, und dachte, dass ich damit den biografischen Wahnsinn hinter mich bringen würde. Als ein wie neugeborenes weibliches Wesen ging ich auf Lebenszeit ins Exil, zuerst nach Paris, wo ich in einem alten Kloster meinen Erfolgsroman *Der endlose Sommer* schrieb, und so weiter: Ich durchwanderte Europa kreuz – von Hellas über Mazedonien, Serbien, Kroatien, Slowenien, Österreich bis zum »Land of DKay« – und quer über Katowice in die Ukraine bis ans Schwarze Meer. Und endlich, im Juli 2019, kam ich zu mir hier am Stuttgarter Platz in Berlin. Jetzt, dachte ich, im endgültigen Exil und indem ich mich aus der dänischen hinaus- und in die deutsche Sprache hineinschreibe, habe ich ein für alle Mal die gesamten Biografien und Namen und Mythen hinter mich gebracht. Jetzt werde ich alleine und eins mit mir selbst und Madame Nielsen sein.

Aber: Meanwhile back in DKay und in der skandinavischen Kulturszene wurde fleißig weitergedichtet – an meinen ehemaligen Biografien, aber jetzt auch an der Biografie jener einmaligen Madame Nielsen, deren Name über die Grenze in die große Welt wie hineingeflüstert worden war. Hört doch auf!, dachte ich.

Und so, Anfang Dezember, in meiner Hochparterrewohnung mit Blick durch die jetzt kahlen Linden hinunter auf den noch immer menschenwimmelnden Stuttgarter Platz, beschloss ich, ein für alle Mal alles auf den Punkt zu bringen und alle diese endlosen »Doppelverträge« und »Autofiktionen« und »performativen Biografismen« zu beseitigen und ein Manuskript, ein fiktions- und dichtungsfreies Dokument mit den möglichst gesamten Tatsachen meines Lebens, niederzuschreiben.

Ans Werk!

In den folgenden Tagen, Nächten und Wochen, in einem Rausch, wie besessen, aber völlig nüchtern, fast zynisch kalt und beamtenhaft, saß ich da und schrieb mit Bleistift auf Papier die gesamten Tatsachen über mich und mein Leben.

Und eines schönen Tages – oder eines schlechten, was wusste ich, ich hatte längst keine Ahnung mehr, in welcher Zeit ich mich befand, welche Jahreszeit und welches Wetter war, ob es schön oder schlecht war –, am 4. Dezember 2019, um 14:01 Uhr, setzte ich den letzten

Punkt. Das war's! Ich lehnte mich zurück, atmete tief und wie zum ersten Mal seit Wochen ein und blickte durch das Fenster hinunter auf den Platz, wo die Menschen immer noch überlebten und trotz des planetarischen Niederschmelzens nichtsahnend, unschuldig plaudernd, weinend, saufend, schreiend oder nur stumm verloren durcheinanderwimmelten.

Dann klappte ich den Computer auf und ging ins Netz. Und sah zwei kurze Mails aus der dänischen Provinz, die eine von meiner Lebensmenschin, die andere von meiner in Odense auf Fünen lebenden Mutter. Ruf an, sobald du das siehst!, und: Es geht um deinen Vater, er wurde ins Krankenhaus eingeliefert!

Ich hatte gerade noch gedacht, mit dem Niederschreiben der gesamten Tatsachen über mich mein bisheriges Leben hinter mich gebracht zu haben. Jetzt schlug es wie ein Schicksalsblitz wieder in mir ein.

Ich rief an, und tatsächlich: Mein Vater lag im Koma. Vielleicht würde er – »wir hoffen« – wieder aufwachen, vielleicht nie mehr. Meine beiden Schwestern waren schon von Aarhus und Viborg nach Odense gefahren, und in den folgenden Tagen kamen auch Schwiegersöhne, Enkelkinder, mein Sohn und seine Mutter, um meinen Vater auf der Intensivstation zu besuchen. Nur einer fehlte. Ich. Wo war ich denn? Hier, am Stuttgarter Platz in Berlin. Was tat ich?

Statt mich sofort in den Zug zu setzen und über Hamburg in den Norden zu fahren, um meinen Vater, vielleicht zum letzten Mal, zu sehen, fing ich – vom Schicksalsblitz getroffen – an, die Geschichte seines Lebens zu schreiben.

Wie kann ich das wenn nicht rechtfertigen, so doch wenigstens erklären? Diese schriftstellerische Selbstsucht! Nein, bitte, das ist falsch, ich schrieb ja nicht über mich, ich schrieb über ihn, den Einmaligen, meinen Vater, ich wollte – vor seinem Tod – sein Leben für immer vor dem allgemeinen Vergessen in die Literatur und ihre Geschichte hinüberretten. Ja, aber diejenige, die über den Menschen schreibt, ist nicht mehr unter den Menschen. Du schreibst und liest, um der Welt und den Lebenden und Toten näherzukommen, aber in dem zeitlosen Moment, in dem du schreibst oder liest, bist du nicht da in der Welt. Mein Schwager ist vom Fotografieren besessen, und es hat mich immer irritiert, dass er an dem einzigen heiligen Abend des Jahres, wenn die ganze Familie versammelt ist und jeder die Hand des anderen nimmt, man einen Kreis um den Baum schließt und singend um ihn herumwandert, immer außerhalb steht und fotografiert. Er ist nicht dabei, er nimmt nicht teil am Kreis und dem Leben. Und wir sind doch nur dieses einzige Mal hier zusammen in der Welt!

Jetzt war also die ganze Familie da, auf der Intensivstation des Krankenhauses in Odense, in einem Kreis um meinen Vater, zum letzten Mal versammelt. Nur ich war nicht da, sondern saß fast vierhundert Kilometer Luftlinie weit weg in einer anderen Stadt in einem anderen Land und schrieb über das alles, über das Leben und den Tod unseres lieben Vaters.

Nein, nur Gottheiten können rechtfertigen, wir Menschen werden nie unsere Leben, Handlungen und die Geschichte erklären können. Nur eins können wir, was die Gottheiten nie konnten: erzählen.

Sieben Tage, sieben Nächte. Jeden Tag war ich per E-Mail mit meiner Mutter in Kontakt. Am vierten Tag schrieb sie:

»Gestern wurde Vater auf die Gefäßchirurgische Abteilung im 11. Stock verlegt. Man hat festgestellt, dass man seine Lunge beobachten muss; arbeiten mit Intensiv zusammen; hat in den letzten Tagen viele Halluzinationen gehabt, erkennt uns nicht immer. Wir hoffen immer noch auf einen Fortschritt, auch in dem Bereich, ein Speiseplan soll gemacht werden, weil er die Sonde rausgerissen hat. Lone war noch mal für einige Tage hier, falls du evtl. gegen Weihnachten ein paar Tage früher als geplant hier hochkommen könntest, wäre es sehr schön.

Umarmung.«

Aber natürlich, Mutter, antwortete ich, leider ist mein Kalender gerade in diesen Wochen völlig dicht, und ich bin ja immer die Hauptperson, alles steht oder fällt mit mir. Größenwahnsinn. Aber wahr. Wenn es nicht eine glatte Lüge gewesen wäre. Ich sah in meinen Kalender: nichts. Ich war frei, hätte jeden Moment aufstehen und die zweihundert Meter zur S-Bahn-Station Charlottenburg laufen und in den Zug nach Norden steigen können.

Aber ich blieb sitzen, hier, am Stuttgarter Platz. Und schrieb die Biografie meines Vaters. Es ging um Leben und/oder Tod. Ich war besessen. Diese perverse unmenschliche Besessenheit der Schriftsteller. Ich musste unbedingt die Geschichte seines Lebens bis zum Tod niederschreiben, ehe er starb. Erst dann, wenn ich den letzten Punkt gesetzt hätte, wäre ich frei und könnte wieder unter Menschen gehen und mich in den Zug nach

Norden setzen, um ihn ein letztes Mal zu sehen und mit der Familie Abschied von ihm zu nehmen.

Am Abend des fünften Tages, als ich mit seiner Geschichte im letzten Teil seines Lebens angekommen war, als er in Rente ging und sein Leben auf einmal sinnlos und leer wurde und sein Körper allmählich zu versagen begann, erst das Knie, dann der Blutkreislauf, dann sein Herz, und er mehrere mehr oder weniger unglückliche Operationen durchlitt und zum ersten Mal nicht nur überempfindlich wurde wie ich, sondern depressiv und anfing, den Tod zu fürchten und gleichzeitig zu verleugnen, als ob er nie, nie! sterben würde, kam eine E-Mail von meiner Mutter. Auch sie war inzwischen, nach Tagen und Nächten in der Intensivstation ohne Schlaf, deutlich abgearbeitet, ihre Schrift auf dem kleinen Handyschirm voller Tippfehler:

»Liebe ... es geht auf und ab. Manche Dinge gehen gut, aber plötzlich passiert was, heute reduzierter Tonus in der linken Seite, hab deine Schwestern kontaktiert, und Tine kam diesmal. Vater ist sehr geschwächt, und ein Arzt sagte heute, dass man ihn im Fall eines Herzstillstands nicht wiederbeleben wird. Darin sind wir uns so gesehen einig. Wir warten ab und schauen, hoffen das Beste.«

Ich antwortete sofort, dass es mir leid um ihn tue, dass es gut sei, dass sie alle jetzt bei ihm seien, dass sie, falls es plötzlich Zeit werde und ich unbedingt kommen müsse, sich melden sollten, dann würde ich mich sofort in den Zug setzen. »Falls ...« – als gäbe es immer noch Zweifel, Fragen, als wäre es nicht schon seit über einer Woche höchste Zeit.

Und so blieb ich sitzen, hier am Platz, und schrieb sein Leben weiter in die letzten Jahre hinein, und bald würde ich zu seinem letzten Sommer kommen, wo ich ihn zum letzten Mal so wirklich lebendig gesehen hatte.

Und dann, am frühen Nachmittag des sechsten und vorletzten Tages, rief meine ältere kleine Schwester an. Sie war im Auto im Eiltempo aus der Zahnklinik im Norden Jütlands südwärts nach Odense und in die Intensivstation unterwegs. »Jetzt!«, sagte sie, »jetzt musst du kommen!«

»Selbstverständlich«, sagte ich. Und legte den Hörer auf und ... zögerte. Morgen, dachte ich, heute ist es zu spät, aber morgen in der Früh, mit dem ersten Zug! Und so blieb ich sitzen in diesem letzten Moment und schrieb sein Leben noch weiter in den letzten Sommer Richtung Tod. Den ganzen Abend, die ganze Nacht hindurch schrieb ich, pausenlos, atemlos, besessen.

Und in der Dämmerung, mit dem ersten Licht – obwohl ich noch nicht am ENDE angekommen war und immer noch in unserer letzten Begegnung, dem letzten Augen-Blick, feststeckte, als könnte ich nie diesen letzten Augen-Blick verlassen –, stand ich auf, klappte den Laptop zu, legte ihn in den Koffer und ging über den noch menschenleeren Platz zur Station Charlottenburg und setzte mich in den Zug. Und schrieb. Wie besessen. Am Hauptbahnhof hatte ich, obwohl ich sonst nicht Kaffee trinke und eigentlich keinen Kaffee vertrage – diese lebensbedrohliche Aufregung, das Herzklopfen –, einen großen, den größtmöglichen, Maxi!-Becher Kaffee gekauft, und im Zug dann noch einen, und am Hamburger Hauptbahnhof einen dritten, und war jetzt nicht nur von Schrift und Biografie besessen, sondern auch noch vom Koffeinschock an der Grenze zum Herzinfarkt und Tod – koste es, was es wolle, auch mein eigenes Leben!, ich musste unbedingt sein Leben ganz bis ans ENDE, bis in den Tod schreiben, bevor der Zug in Odense, bei seinem tatsächlichen, wirklichen Leben, Körper und Tod ankam. Ja, koste es, was es wolle, ich musste ankommen, ehe ich ankam.

In Flensburg sollte ich ein letztes Mal umsteigen. Da aber der andere Zug noch nicht angekommen war und der Zug aus Hamburg hier an der Endstation stehen blieb, blieb ich – als Einzige – sitzen. Und schrieb. Plötzlich hörte ich ein Pfeifen und drehte den Kopf. Und sah, wie die Türen des anderen Zugs sich schlossen. Ich sprang auf und rannte mit dem Laptop unter dem Arm über den Bahnsteig und drückte auf den Türknopf. Nichts geschah. Ich sah mich um, nur eine einzige Bahnbeamtin stand alleine auf dem Bahnsteig in ihrer schwarz-roten DB-Uniform. »Ich muss unbedingt mit diesem Zug fahren, flehte ich, mein Vater liegt in Odense im Sterben, ich muss!« »Tut mir leid«, sagte sie. Und der Zug rollte hinaus. Ich stand da, verlassen, alleine auf der Welt.

Ich ging hinunter in den Tunnel und wieder hinauf in die Bahnhofshalle, menschenleer. In der Ecke ein Bahnhofsbistro, ich sah durch die kleinen Fenster: alles verlassen. Ich ging hinein. In meiner frühmorgendlichen Eile hatte ich nur meinen Laptop und den Pass in den Koffer geworfen, und die Münzen in meiner Jackentasche waren unterwegs in drei Kaffee plus Pappbecher umgesetzt worden. Jetzt musste ich um einen allerletzten Kaffee flehen, ein letzter, bitte! »Leider.« »Aber ganz hinten in der Ecke darf ich wohl sitzen?« »Wenn Sie nichts kaufen?« »Bitte!« Und so saß ich da in dem sonst menschenleeren Bahnhofsbistro an der Grenze in Flensburg. Verloren. Es war – alles – zu spät. Was konnte ich tun? Nichts konnte ich tun. Und so schrieb ich.

Und endlich kam ich zu ihm, dem Tod, dem Tod meines Vaters, und setzte den letzten Punkt. Ich hatte es geschafft. Das Unmögliche. Indem ich endgültig scheiterte, schaffte ich es. So ist … nein, nicht das Leben, sondern die Literatur. Du schreibst die Geschichte der Welt und der Menschen und ihr Leben. Und nimmst nicht mehr teil.

Und dann, als ich da saß, verloren, leer, am Ende, kam die letzte SMS von meiner Mutter: »Vater schläft tief, kein Kontakt! Wir warten ab.

Umarmung«

Als ich am siebten und letzten Tag gegen Mitternacht endlich in der Intensivstation im 11. Stock in Odense ankam, war es zu spät. Alle anderen waren schon da, auch er. Aber er war nicht mehr da. Nur die Maschinen hielten seinen Körper noch warm und am Atmen. Als ob. Sein Antlitz wie Zeus zornig in den Wind geworfen, der ihm über den Styx aus dem Jenseits entgegenstürmt.

Ich trat in den Kreis, nahm die Hand meiner Mutter, die andere legte ich auf seine Stirn, er war warm, feucht, sanft und zum Weinen menschlich. Mein Vater. Vater, warum hast du mich verlassen, warum hast du nicht auf mich gewartet!

In den letzten Minuten vor Mitternacht hörte sein maschineller Atem wie mit einem unhörbaren todstillen Schlag plötzlich auf, und alles, die Welt, die Geschichte, war still.

Am 4. Weihnachtstag trugen die Enkelkinder – darunter meine Tochter Emma Lucinda – den Sarg mit seinem Körper aus der Kirche hinaus in die Sonne, und die Glocken ertönten über der Welt.

Nachschrift: Nie werde ich es rechtfertigen, nie erklären können, niemals. Ich habe die Geschichte meines Vaters geschrieben. Mittlerweile ist sie als Buch erschienen. Die Leser, die Menschen, haben die Geschichte meines Vaters gelesen, er ist für immer Teil der Literatur und der Erinnerung der Menschen geworden, und nie, so lange es Menschen auf der Erde gibt, wird er vergessen werden. Aber ich. Ich war nicht da.

*

Schattenbilder

Als ich in der Nacht von Freitag, dem 9., auf Samstag, den 10. Oktober 2010, alleine neben meinem seelenlosen, sonst aber in Gänze mit dem lebenden Rest identischen Leib in dem prächtigen, klassischen und dennoch modernen weißen Kenotaph, das vor dem dänisches Museum für antike Kunst, dem Glyptoteket, mit seinen Totenmasken, Sarkophagen, Epitaphen, Steinsärgen und der finsteren Marmortreppe hinunter ins Totenreich 𓇼𓄿𓏏𓉐, errichtet worden war, auf einer vom unaufhörlichen sechsspurigen Strom des Verkehrs am H.C. Andersens Boulevard umgebenen Insel im Styx saß, dachte ich an Marina Abramović, die wenige Monate vor mir vollkommen unbeweglich auf einem Stuhl im Museum of Modern Art in New York gesessen und Mensch um Mensch in die Augen geschaut hatte, bis sie, die Menschheit, den Anblick oder eher die Radikalität von Abramovićs Blick, diesen Willen – der auch der meine ist –, an die äußerste Grenze zu gehen und über sie hinaus ins Offene, nicht mehr hatte aushalten können. Und als ich da so saß und an sie dachte, fiel mir plötzlich ihr Schatten ein, ihr ehemaliger Animus, der während ihrer jüngeren Jahre, als sie gleichsam wahrhaft radikal gewesen war und die Menschheit nicht nur ihren Blick hatte aushalten, sondern sie lieblich foltern und ihren

Rücken blutig peitschen sollte, für eine Weile notwendig gewesen war, um sie als ihr eigener anderer zu spiegeln, ihr – wie sie fast immer nackt – zu begegnen und auf sie zu prallen, den Bogen mit seinem ganzen Körpergewicht zu spannen und den Pfeil gegen ihr Herz zu richten, sie zu ohrfeigen, zu peinigen und ihr nach ihrer wiederholten Selbstzerstörungen das Blut abzuwischen und ihre Wunden zu nähen, ihr Ausatmen einzuatmen und dann wiederum in ihr auszuatmen oder mit ihr zusammenzuwachsen und ein nacktes Spalier mit ihr zu bilden, durch das die ganze Menschheit, einer nach dem anderen, sich durchpressen musste, oder ganz einfach nur dazusitzen, auf einem von zwei Stühlen, ihr gegenüber, und ihr stundenlang und unbeweglich in die Augen zu schauen, ohne zu sprechen, zu essen oder zu trinken, oder um ihr zum Schluss am Ende eines langen Marsches mitten auf der Chinesischen Mauer zu begegnen und danach einfach zu verschwinden, wie der Schatten, der er ja gewesen war, sich im Licht aufzulösen oder in sie eingesaugt zu werden und sie danach schattenlos, alleine und überirdisch als eine Göttin oder als lebendiges, leibhaftiges Kunstwerk den Bühnen der Kunstwelt zu hinterlassen. Wie hieß er denn?, fragte ich mich. Hatte er überhaupt einen Namen gehabt, oder war er einfach nur der namenlose andere und Repräsentant der Menschheit, den sie für eine Weile benutzt und dann nicht mehr gebraucht hatte – *exit ghost*?

Einige Stunden, Wochen oder Jahre später fiel mir plötzlich, wie aus dem Nichts, dem Licht, der Namen »Ulan« ein, und ich tippte diesen Namen, »Ulan«, in den Browser und befand mich plötzlich in Ulan-Bator, lauter

Licht, aber nicht mal der Schatten eines Schattens. Dann tippte ich »Marina Abramović und« ein, ganz einfach so, »und«, und dann endlich tauchte er auf als der »nah und« (Beiwerk), der er für die meisten Museums- oder Kunsthallebesucher*innen schließlich, als er noch war, immer gewesen war – Ulay.

Mit seinem Namen ging ich dann zur Bücherei und bat um all die vorhandenen Bücher über Marina Abramović und Ulay, aber als ich dann am Tisch in dem stillen Lesesaal ein Buch nach dem anderen aufschlug, handelten sie alle fast nur von Marina Abramović.

Ich seufzte, schloss die Augen und dachte an Hans Christian Andersens Erzählung »Der Schatten«, worin ein berühmter Mann eines schönen Tages Abend irgendwo im Süden auf seinem Balkon sitzt und sich langweilt und nichts anderes tut, als einfach nur dazusitzen und seinen Schatten über die schmale Gasse auf den gegenüber hängenden Balkon nicht mal zu werfen, sondern bloß faulenzerisch streckt, und sich darüber amüsiert, wie sein Schatten so bewusstlos alle seine noch so kleinen Bewegungen nachahmt. Und als er sich um Mitternacht dann auf sein Zimmer zurückzieht, stellt er sich vor, wie der Schatten jetzt auch im gegenüberliegenden Haus zur Ruhe gegangen ist, nur um am folgenden Morgen aufzuwachen und hinaus ins Licht zu treten und zu seinem Schrecken zu sehen, dass sein Schatten ihn verlassen hat, ja, er, der berühmter Mann, ist plötzlich ganz schattenlos. Und so muss er fortan jahrelang ohne Schatten leben und schattenlos wie einer Überirdischer, ein Gott, unter den ständig und fast überall schattenwerfenden Menschen herumgehen.

Und der Schatten, wo in der Welt ist er? Lebt er jetzt sein eigenes Schattenleben, fast als wäre er ... ein Mensch?

Wie ist es, dachte ich, dort im stillen Lesesaal sitzend, jahrelang mit einer Tag für Tag berühmter werdenden Künstlerin durch die Welt zu reisen und jeden Abend im Bühnenlicht zu »performen« oder einfach nur mehr oder weniger nackt dazustehen, zu sitzen oder zu liegen und von Abertausenden Menschen gesehen zu werden, ohne jemals wirklich bemerkt zu werden? Alle haben dich gesehen, und niemand hat dich wirklich als Mensch an sich wahrgenommen. Wie ist es? Wenn es überhaupt »ist«: Der Schatten ist da, ja, aber hat er auch sein eigenes heideggersches Dasein? Macht sich der Schatten dort im Licht, nackt und stillstehend oder an die Wand geworfen, seine eigenen Gedanken? Oder denkt er nur, was »man« so denkt? Oder denkt er eher den genauen, radikalen Gegensatz zu dem, was sie, also Marina, denkt – also Spiegelgedanken oder, ja, Schattengedanken?

Und dann, eines schönen Tages, ist man weg, aus dem Licht der Kunstszene geworfen, und ... was bleibt? Der Schatten hat wohl keinen Schatten geworfen,* aber hinterlässt ein Schatten dennoch irgendeine Form von Spur(en)? Wenn nicht Schatten, dann vielleicht Schatten*bilder*?

* Oder doch, einmal wenigstens: Im April 1979 geht der Schatten irgendwo in Sydney, Australien, in der blendenden Sonne hoch oben auf einer hohen Wand und wirft sein Schattenschatten hinunter in den Hof, wo *die Künstlerin herselfest* mit ihren jetzt beiden Schatten spazierend geht, stundelang, hin und her, hin und her ...

Vielleicht sollte man, dachte ich, einen Blick in das Werkleben oder Lebenswerk von Ulay werfen, und zwar mit dem unausweichlichen Apriori, dass ein jeder, der – wenn es denn überhaupt so jemanden gab – hier im 21. Jahrhundert den Einfall haben sollte, anstatt sich mit Marina Abramović zu beschäftigen, auch nur eines Auges Blick auf Wie-hieß-er-noch-Ulan? zu werfen, in den Schatten schaut. Und: Es ist seit Langem nicht mehr möglich, Ulay *an sich*, das heißt unabhängig von Marina Abramović, zu sehen. Es gibt nur einen Weg – einen Gedankengang, nur eine Blickbewegung – zu Ulay, und der geht von Abramović aus.

Man müsste einen Essay schreiben, dachte ich, in dem es zu paradoxen Wahrheiten wie »Der Schatten ist auch sein eigener Schatten, und das sieht man, im Rückblick, sogar in seinen frühen Werken, noch *vor* der Begegnung mit Marina Abramović« kommen würde, an dessen Ausgangspunkt eine umfassende und meistens resultatlose Research im Internet stünde, und dafür das vielleicht einzige Buch zurate ziehen, das *nicht* wieder nur von Abramović handelte, sondern (auch) von ihm, Ulay, ein Buch, das vielleicht den Titel *Ulay on Ulay* tragen würde, als ob er schließlich, wenn es schon kein anderer tat, selbst die Aufgabe auf sich genommen hätte, etwas über den Schatten, also sich selbst, also Ulay, zu sagen oder zu schreiben. Ja, vor allem auf Basis von diesem vielleicht gar nicht existierenden Buch würde es mir gelingen, einen Einblick in das *Eigen*werk von Ulay zu bekommen, sowie vor allem, so stellte ich mir wenigstens vor, auf Basis seiner un-berühmten Polaroids, die er, würde es sich herausstellen, fast als einziges sein ganzes

(Werk-)Leben lang produziert hatte, würde ich zu schattenhaft vorbeiflackernden Einsichten kommen wie: »Auch seine Autoporträts, also Selbstporträts, sind Schattenbilder, sie zeigen nicht *ihn* (wer auch immer er sein sollte), sondern seinen anderen, den oder die, die er nicht ist (seinen Vater, die Frau, die er nicht und dann doch ist), zeigen nicht sein Gesicht, nur die Maske, die ein Abdruck von seinem Gesicht ist und die er als für immer hinter der Maske Unbekannter, Verborgener, Unidentifizierter trägt usw.« Und: »Der ganze Mensch ist nie ganz, sondern eine Collage von Körper-, Gesichts- und Kleiderteilen.« Und: »Sein Körper ist ›anagrammatisch‹, eine beliebige Zusammenstellung von Organen und Gliedern.« Und: »Würde sein Gesicht plötzlich ohne Maske und Vorbehalt fotografiert, so wäre es doch aufgrund einer Doppelaufnahme/Doppelbelichtung verschleiert oder einfach verwischt – kein Mensch, nicht mal ein Schatten, nur ein Schmierfleck, irgendetwas, Nichts, Selbstbeschädigung, Selbstzerstörung, Selbstauslöschung usw.« Und: »Wenn es um ihn, also Ulay, geht, wenn er sich selbst als Material benutzt, dann geht es um Selbstvernichtung: Auf eine Weihnachtskarte schreibt er ›Ulay *1943 †1974‹ und erklärt damit seinen eigenen Tod und nimmt ›Abschied als einzige Person‹. In einer Performance, ›Exchange of Identity‹, tauscht er wiederum seine Nicht-Identität gegen die einer jungen Frau – in dem Übergang ist er/sie Negativ, Geist, Übergang, Grauzone, Niemandsland.« Es ginge so weit, stellte ich mich vor, dass ich einsehen würde, dass »er mit Polaroids dokumentiert, wie er seinen Fuß beschneidet, sodass er *perfekt* in den von seiner für immer fortgegangenen Geliebten hinterlassenen schwarzen Lackschuh passt und er, statt wie alle anderen – also die Menschen, die Schatten haben, ohne sie (nur) zu sein – lediglich im Tagestraum ihre Geliebte zurückzugewinnen und also wieder*zuhaben* und zu besitzen, endlich – mit ganzem Leib – zu ihr wird und die Liebe radikal und ideal wird und die in der Liebe, die normalerweise zwei sind, letzten Endes eins werden (und er nicht mal den Schatten seiner selbst hinterlassen wird)«.

»Diese eigentlich bemerkenswert radikale und totale Selbstauslöschungs- und Selbstvernichtungsarbeit, die (würde ich in Klammern relativierend bemerken) leider nur ein Echo von dem ganz anders berühmten Selbstauslöschungs- und Selbstvernichtungswerk der Wiener Aktionisten – Schwarzkogler, Brus usw. – ein Jahrzehnt davor war, hat jedoch eine Ende gefunden oder eher nur aufgehört und ihn, also irgendjemanden namens ›Ulay‹, überleben lassen, statt dass sie konsequent und radikal bis zum TOD geführt worden wäre, was ihn vielleicht doch berühmt gemacht hätte, als er und weil er 1975 Abramović begegnete und sich (bewusst? unbewusst?) entschloss, *for good* ihr Schatten zu werden.«

Und hier würde dieser Einblick aufhören, kurz und gut und so, als ob es für ihn nach der Begegnung mit, aber auch nach der Trennung von Abramović auf der Chinesischen Mauer im Jahr 1988 kein Werk und kein Weiterleben, nicht mal als Schatten, gegeben hätte.

Schön, oder?

Ja, denn alles Weitere wäre nur Enttäuschungen, denn: »His oeuvre is marked by the fact that he has not developed a signature style.« Vielleicht nicht mal – im

Gegensatz zu Abramović und den meisten berühmten *Meistern* der modernen Kunstgeschichte – eine »signature«. Ein Werk (oder eine Performance) von Abramović, Kiefer, Beuys, Giacometti, Picasso, Warhol, Sherman usw. usf. braucht kein Namensschild oder einen Hinweis, sie sind an sich Signaturen, man sieht sofort, dass es ein Abramović, Kiefer, Beuys, Giacometti, Picasso, Warhol, Sherman usw. usf. ist. Das ist der *claim to fame* der Großen, aber auch ihr Schicksal. Ja, das gilt eben sogar (oder »selbst«) für Cindy Sherman, die bald, sehr bald, ein ganzes Lebenswerk hinterlassen haben wird, das nur aus Selbstporträts besteht, auf denen ausschließlich andere und fast alle Menschentypen ihrer Zeit zu sehen sind, nur nicht – so glaubt man, so denkt man, so sagt man sich, so schreibt man – sie, Cindy Sherman, und die auf viel radikalere und konsequentere Weise als die Autoporträts von Ulay die einzige Person, die als Material für die Fotos gedient hat und als Model auf den Fotos zu sehen ist, auslöschen, vernichten und sich, also Cindy Sherman oder eher ihre Bilder, dann *alle*, ohne Ausnahme, selbst verraten, indem sie alle, ohne Ausnahme, nicht nur die Signatur von Cindy Sherman tragen, sondern alle, ohne Ausnahme, Signaturen *sind* und also letzten Endes nur Cindy Sherman und keine einzige andere darstellen und zeigen.

Auf keinem der Autoporträts, aber auch auf keinem von Ulays Polaroidfotos von den Abermillionen prekären, *sans papiers*, anonymen, spurlos verschwindenden anderen Menschen der Welt – Obdachlosen in New York, Prostituierten in Moldawien, den Tausenden von zufällig vorbeipassierenden »Fremden« auf den Märkten in Amsterdam – erkennt man Ulay, würde ich, so stelle ich mir vor, dann blitzschlagartig einsehen, nur die Zeit, aus der sie genommen sind, den Zeit*geist*, wohingegen die Fotos von Sherman als *fast* vollkommener Katalog der Menschentypen (in den Kategorien des Sozialen, des Ökonomischen, des kollektiven (Un)Bewussten usw.) alle vorgeben, den Zeitgeist oder die Zeitgeister zu porträtieren und dar- und bloßzustellen, und aber letzten Endes nur auf Die Einzige Eine verweisen oder implodieren, indem man sofort und auf den ersten Blick erkennt, dass es »ein Cindy Sherman« ist.

Die Autoporträts von Ulay sind in ihrer Selbstauslöschungsversuchen im Ausgangspunkt genau so radikal wie die Fotos von Sherman, aber im Gegensatz zu Letzteren, die sich im Ruhm und in der Ewigkeit des Kanon *selbst*kanonisieren, verschwinden Erstere sofort in der Anonymität der Bilder einer ganz bestimmten Epoche der Kunst- und Bildergeschichte. Und das gilt nicht nur für seine Selbstbilder: Ein jedes Werk und eine jede Performance von Ulay ist seltsam, aber vielleicht konsequent anonym.

Und sein Lebenswerk insgesamt? Ach!, stellte ich mich vor: ganz und gar uneinheitlich. Wenn er sich – vor und nach der Abramović-Ära – doch nur auf die Polaroids konzentriert hätte! Aber nein, zu meiner größten Verwirrung würde es sich, stellte ich mich vor, herausstellen, dass der Schatten nach dem Abschied und Fortgang von der Schattenwerferin sogar seine, also ihre, Form, seine, also ihre, Kontur verloren hatte. Es würde sich herausstellen, dass er nach Abramović alles Mögliche, Unmögliche, was weiß ich schon, gemacht hatte:

»Aboriginal Afterimages« für niemand in der australischen Wüste ausgestellt, primitive Flösse mit Leinwandfotos (mit negativen Fußabdrücken) als Segel gebaut und damit hinausgeschwommen aufs offene Meer, in die Verschwindung hinein, Fotografen fotografiert, die einen Dritten (vielleicht einen Fotografen?) fotografieren, um die ganze Welt herumgereist, um überall alle Aspekten von, sagen wir mal, Wasser! zu dokumentieren, ökopolitische- und antikapitalistischen Aktionen in … warum nicht: Slowenien gemacht sowie weitere »Afterimages« von Menschen, Gebäuden, Skulpturen, verschwindenden Verschwindungen. Alles Mögliche, das ein jeder (Künstler) und also vielleicht, würde ich vielleicht, und alles davor Geschriebene dadurch vernichtend, hinzufügen, nur er machen könnte, und dann stellte ich mir Folgendes vor:

Die Jahre vergehen, die berühmte Künstlerin wird ständig berühmter und erfolgreicher, sie ist immer noch schattenlos, aber das ist letzten Endes nur noch eine Auszeichnung und macht sie zu einer wahrhaften Ausnamekünstlerin.

Und eines eigentlich nicht sehr schönen Abends irgendwo im Norden, in einer Stadt, es könnte Kopenhagen sein oder New York, sitzt sie allein und schattenlos auf ihrem Stuhl in ihrem Wohnzimmer oder mitten im *White Cube* eines weltberühmten Museums, zum Beispiel des MoMA, des Museum of Modern Art in New York, sitzt allein, ja, aber als Weltberühmtheit immer wie auf der Weltbühne in der ständigen Begegnung oder Auseinandersetzung mit dem Publikum, mit all diesen Namenlosen, die einer nach dem anderen Platz nehmen und der Künstlerin in die Augen schauen, bis es einfach *zu viel* wird.

The Artist is Present. Das ist der bisher größte Erfolg der großen Künstlerin, der Gipfel der Event- und Erlebniskultur, aber, ja, es ist ein Aber dabei, und die schärfsten Kritikern haben es schon lange gesehen: Die große Künstlerin ist nicht mehr die radikalste Künstlerin, die sie einst war, sie ist *present*, ja, aber nur als Repräsentation ihres ehemaliges Selbst, ihre Werke sind nur noch Reenactments, Echos oder noch schlimmer, Schatten der ehemaligen *Ausnahme*werke und Performances, die sie in den Jahren, wo sie noch einen Schatten hatte, *aus*zeichneten, ja, sie ist ganz und gar von Inspiration verlassen, nur ein Schatten ihres ehemaligen Selbst.

Und plötzlich klopft es an der Tür, und die berühmte Künstlerin steht auf und öffnet die Tür, und da steht der ehemalige und seit Jahren, Jahrzehnten nicht mehr erblickte Schatten, »eine so außerordentlich magere« Erscheinung, wie es bei Hans Christian Andersen heißt. Oder vielleicht kommt er einfach so herein, als einer von den Abertausenden namenlosen Menschen aus der ganzen Welt, die täglich wie bewusstlos durch das MoMA fließen, und setzt sich auf den Stuhl ihr, der berühmten Künstlerin, gegenüber und blickt ihr in die Augen.

Es ist immer ein Problem, wenn Künstler ihr eigenes Werk überleben, wenn sie anfangen, ihr altes Werk zu reproduzieren wie etwa Frank Castorf, der um etwa 2007 anfing, Castorf-Inszenierungen zu machen, oder Thomas Bernhard, der anfing, Thomas Bernhard-Pastiches zu schreiben, oder Sophie Calle, die, statt selbst ihre kleinen, subtilen, fast unauffälligen Konzepte zu realisieren, 107 berühmte Frauen beauftragte, einen kleinen, alten Liebesabschiedsbrief auf Video vorzulesen und zu analysieren, und daraus eine Megakunstshow machte, die mehrere Jahre auf Kunstwelttournee zirkulierte – alle diese eigentlich ziemlich leeren Schattenwerke oder Reenactments der einstigen und damals noch wirklichen Inspiration.

Letzten Endes war, wie in der märchenhaften Geschichte von Andersen, der Schatten vielleicht doch der Glücklichere. Gegen des Lebens Abend wurde sie, die berühmte Künstlerin, von ihrem Mythos eingeholt, wurde dessen Schatten und wusste manchmal nicht, was sie tun sollte, als den Mythos einfach nachzuahmen, zu reenacten, während er, der Schatten, sie überholte und ihr vorausging, sich dem Sonnenuntergang entgegenstreckte und durch ihn durch hinein ins Königsreich des Zeitlosen.

Epilog

Am nächsten Morgen traten sechs schwarz gekleidete Männer in den weißen Kenotaph, hoben einen weißen Sargdeckel hoch und senkten ihn über meinen ehemaligen Leib, mein eigenes Doppel, meinen dreidimensionalen Schatten, schraubten den Deckel fest an die Bahre, auf der mein anderes Ich sieben Tage und Nächte lang gelegen hatte, und trugen den Sarg hinaus ins Licht, hinein in einen hochglanzpolierten schwarzen Leichenwagen, und begleitet von mehr als tausend Menschen und zwei Polizisten auf Motorrädern fuhr der Leichenwagen durch die alten Straßen von Kopenhagen zu dem berühmten Friedhof, wo auch Søren Kierkegaard und ebenjener noch berühmtere Märchendichter Hans Christian Andersen begraben liegen, und die sechs schwarz gekleideten Männer zogen den Sarg wieder raus ins Oktobersonnenlicht und senkten ihn hinab in das offene und frisch gegrabene Grab, und der Priester sprach, und der Priester warf drei Schaufeln Erde auf den Sarg, und danach wurde er, der Sarg, mitsamt meinem ehemaligen Leib und Doppel und dreidimensionalen Schatten für ewig unter und in der Erde begraben.

Aber, denn es ist immer ein Aber dabei, vier Tage später, an einem frühen Spätoktobermorgen, gruben schattenhaft anonyme, ungesehenene Männer im Auftrag der Stadt und des Staats den Sarg wieder aus. Und seitdem gibt es für mich keine Ruhe, seitdem reise ich wie für immer in der Welt herum, mit dem Sarg, in dem mein Doppel, mein Schatten, unerträglich und noch schlimmer noch: zu schwer, um ihn einfach zu werfen, liegt.

*

Nach dem Menschen

Als ich 2013 in einem Pariser Kloster ein neues Leben als Frau begann, wurde mir klar, dass die Welt in der Zukunft von weiblichen Energien bewegt werden müsse. Nach einem gescheiterten Jahrhundert mit zwei Weltkriegen und dazu noch inmitten des dritten und TOTALEN, der sich in den ewigen Ausnahmezustand verwandelt zu haben schien, und des TOTALEN Sieges der neoliberalen Marktwirtschaft und ihrer Vernichtung aller anderen bisher denkbaren Gesellschafts- und Lebensformen, einer wahren ALLmacht, die das Geld von seiner bisherigen Bindung an das Gold und damit an der Materie haftenden und den aus der Materie entstehenden Waren befreit und in reinen Heiligen, weil virtuellen Geist verwandelt hatte, war mir klar geworden, dass ein Leben als Mann und mit den vom Mann ausgehenden gewalttätigen und planetenzerstörenden Energien nicht mehr möglich war und dass die Geschichte, die bisher in der Vergewaltigung der weiblichen Stille durch den göttlich männlichen BIG BANG bestanden hatte und als sich pervers positivistisch-pfeilgerade in die ständig akzelerierende Zukunft bewegender Penis projektiert gewesen war, ab jetzt eine weibliche Geschichte werden müsse, die nicht mehr fortschreiten, sondern weiblich kreisend langsam zu ihrer Erfüllung kommen und von einer Frau erzählt werden müsse. Und so beschloss ich gleich am ersten Tag, in meiner Zelle in dem ehemaligen Kloster Les Récollets meinen »Salon Madame Nielsen« zu eröffnen. Und jeden Freitagabend nahm ich da sanft und barfüßig im weißen Kleid die Menschen als Gäste in Empfang und bewegte sie mit meiner Stimme, meinen Liedern, Gedichten und Fragmenten aus meinen Romanen, jeden Salonabend begleitet von einem besonderen Gast, immer einer Frau, mit der ich im Gespräch Visionen einer weiblich-verwandelten Welt entwickelte. Und als ich dann nach fast einem Jahr mit meinem in der Klosterzelle geschrieben Roman *Der endlose Sommer* als Handschrift Paris verlassen musste, verwandelte ich den Salon in einen nomadischen.

In den folgenden Jahren wanderte ich durch Europa, und in jeder größeren Stadt, in der ich ankam – von Tromsø im Norden bis Katowice im Südosten –, zog ich in eine alte herrschaftliche Wohnung oder Hotelsuite, von wo aus ich am folgenden Tag die ganze Stadt von innen nach außen durch ihre vielen ökonomischen, geschichtlichen, architektonischen, anthropologischen und soziologischen Schichten durchwanderte und in die ich am dritten Abend die lokale Menschheit zu meinem Salon einlud, und gemeinsam, und auch hier stets mit einem besonders »heraufragenden Frauenzimmer« aus der Stadt, schufen wir »Visionen für unsere weibliche Zukunft«.

Während all der Wanderjahre war ich voller Hoffnung, und nie zuvor, nie in meinem bisherigen Leben als männliches Wesen, war ich so wundersam leicht und lebendig und lächelnd und allessinnend und alle Lebewesen und alles Heranwachsende und im Stein Ruhende in mich als meine Nächsten aufnehmend gewesen wie jetzt in meinem neuen Leben als Frau.

Gleichzeitig aber, wenn ich ab und zu in die andere Welt der mehr oder weniger sozialen Medien hineinschaute, erblickte ich den Zeitgeist und erschauderte: Über Nacht hatten machtvolle Männer sich in »Feministen« verwandelt, fast alle maßgeblichen und meinungsbildenden, das heißt machtausübenden Intellektuellen und Künstler»*«innen in Europa und Nordamerika schrieben und schrien korrekt über Aufdeckung von männlichen Übergriffen in den letzten Jahren und -tausenden, über Anerkennung und Gleichberechtigung von und Gerechtigkeit gegenüber allen Lebewesen, nur schien sich das alles nicht in eine gemeinsame Bewegung vereinen zu wollen, im Gegenteil: Alle (diese sehr Reichen und Privilegierten) verbarrikadierten sich in kleinen Gruppen von Identischen, die nur für ihre eigene Anerkennung kämpften und alle anderen als inkorrekt verdammten und bekriegten.

Something is rotten in the state of minds, dachte ich, vielleicht habe *ich* dieses ersehnte Weibliche nicht radikal genug gedacht und performt, vielleicht muss ich es noch einen Schritt weiter über das bisher Weibliche hinaus wagen. Aber wie? Und wohin?

Ende Juni des Jahres 2019 wanderte ich dann in Berlin ein und zog sofort in eine herrschaftliche Wohnung am Stuttgarter Platz. Und nachdem ich die ersten Wochen auf meinem Balkon schreibend und das Leben unter mir von meinem Balkon betrachtend verbracht hatte, ging ich eines schönen Tages durch den Tiergarten und stieg auf den Prenzlauer Berg hinauf. Und was sah ich? Was für eine neue Zivilisation! Auf einmal war ich nicht nur vom Zeitgeist, sondern von Zeitgeistern umgeben! Alle waren sie vollkommen korrekt, und obwohl sie aus der ganzen Welt gekommen waren und gemeinsam ein wunderbar weibliches Babylon von Zungen aus allen Sprachen der Welt hätten hervorbringen können, sprachen sie alle nur und wie unisono die einzige zeitgeistige Sprache, dieses globalisierte imperiale Campus-Amerikanische, das alle sprechen, aber niemand wirklich meistert, um dadurch etwas Neues, eine andere Welt, ein anderes Leben hervorbringen zu können. Alle waren sie anscheinend Künstler – oder eher sehr künstler*isch* – und alle waren sie weder Mann noch Frau, sondern etwas Ungewisses dazwischen – GENAU WIE ICH!

O Schrecken!, dachte ich und wollte nur eins: aus diesem verdrehten Babylon nicht nur fliehen, sondern beflügelt zu fliegen und mich senkrecht hinauf in das Licht aufzulösen.

Ich wandte mich angewidert von dieser neuen Menschheit ab, und da sah ich in einem großen Spiegel: mein eigenes Bild. Und auf einmal tat sich vor mir der Ausweg auf, das radikal Weibliche, das jenseits der Frau, die ich jetzt bin, hervortreten musste: Als die Erste von den neun, dreizehn, siebzehn Milliarden von Menschen, die in den Jahrzehnten nach mir folgen müssten, würde ich mich in eine Beflügelte verwandeln, ja in einen VOGEL.

Doch in was für einen Vogel? Es gibt ja so viele Arten, und ich bin ja als Mensch und Frau schon ziemlich eigeneinzigartig. Drum, während die übrige Menschheit sich wahrscheinlich massenhaft schreiend in Möwen und Krähen verwandeln wird, werde ich, einzig und einsam: *eine* Reiher! Eine Reiher, die sich jeden Morgen, zerbrechlich, ein wenig paranoid und ziemlich anachronistisch und vorzeitig, wie ein kaputter Regenschirm von ihrem Baum hinauf, hinauf, hinauf und über die Welt erhebt.

*

Appendix

Die Privatbibliothek des deutsch-europäischen Intellektuellen des späten 20. Jahrhunderts

Eine nie zu vollendende Registrierung eines endlosen geistigen Universums

Karl Marx und Friedrich Engels, *Gesammelte Werke*, Dietz Verlag, Berlin 1974 ff., in 39 veblasst-blauen Lederbänden mit 2 »Ergänzungsbänden« und 1 »Sachregister« mit 3410 Stichwörtern; außerdem *Das Kapital* in 3 Bänden, *El Capital* (die spanische Übersetzung) in 3 Bänden, *Le Capital* (die französische Übersetzung) in 3 Bänden; Karl Marx, *Der zweite Entwurf des »Kapitals« – Analysen. Aspekte. Argumente*; Karl Marx, *Grundrisse der Kritik der politischen Ökonomie*; Karl Marx und Friedrich Engels, *Über »Das Kapital« – Briefwechsel*; Karl Marx, *Formen, die der kapitalistischen Produktion vorhergehen*; Karl Marx, *Die Geschichte der Geheimdiplomatie des 18. Jahrhunderts*; zahlreiche Biografien über Karl Marx, u. a. Richard Friedenthals *Karl Marx. Sein Leben und seine Zeit*, Franz Mehrings *Karl Marx. Geschichte seines Lebens*, Karl Korschs *Karl Marx*, Ernst Blochs *Über Karl Marx*, Robert-Jean Longuets *Karl Marx mein Urgroßvater*; an die 150 Bücher über den Marxismus und Kommentare zu diesem, u. a. Louis Althussers *Für Marx*, Werner Sombarts *Der moderne Kapitalismus* in 6 Bänden, Stephan Krügers

Allgemeine Theorie der Kapitalakkumulation. Langfristige Entwicklung und konjunktureller Zyklus (971 Seiten), 9 Bände *Gesellschaft. Beiträge zur Marxschen Theorie*, W. F. Haugs *Vorlesungen zur Einführung ins »Kapital«*, Lucien Sebags *Marxismus und Strukturalismus*, Arkadij Gurlands *Marxismus und Diktatur*, György Márkus' *»Anthropologie« und Marxismus*, Lucien Sèves *Marxismus und Theorie der Persönlichkeit*, *Krise und Kapitalismus bei Marx. Band 1*, Henri Lefèbvres *Probleme des Marxismus, heute*, Cesare Luporinis *Karl Marx. Kommunismus und Dialektik*, *Folgen einer Theorie. Essays über »Das Kapital« von Karl Marx*, Ernest Mandels *Marxistische Wirtschaftstheorie* in 2 Bänden, das von Horst Arenz, Joachim Bischoff und Urs Jaeggi herausgegebene *Was ist revolutionärer Marxismus? Kontroverse über Grundfragen marxistischer Theorie zwischen Louis Althusser und John Lewis*, Projekt Klassenanalyses *Klassenbewusstsein und Partei*, Dominique Lacourts *Proletarische Wissenschaft? Der Fall »Lyssenko« und der Lyssenkismus*, *Staatsmonopolistischer Kapitalismus*, Urs Jaeggis *Kapital und Arbeit in der Bundesrepublik. Elemente einer gesamtgesellschaftlichen Analyse*, Ernest Mandels *Der Spätkapitalismus. Versuch einer marxistischen Erklärung*, *Die Kommunistische Internationale. Kurzer historischer Abriss* (718 Seiten), Partito Comunista Italianos *Der kommunistische Vorschlag. Entwurf eines Programms zur Umgestaltung Italiens*; Lenins gesammelte *Werke* in 40 dunkelweinroten Lederbänden mitsamt 2 Kommentarbände, auch Dietz Verlag, Berlin 1974; W. I. Lenin *Ausgewählte Werke* in 3 Bänden; Wladimir Sewin und Georgi Golikow, *Wladimir Iljitsch Lenin. Leben und Wirken*; Projekt Klassenanalyse, *Leninismus – neue Stufe des wissenschaftlichen*

Sozialismus? Zum Verhältnis von Marxscher Theorie, Klassenanalyse und revolutionärer Taktik bei W. I. Lenin in 2 Bänden; Mao Tse-Tung, *Ausgewählte Werke* in 4 Bänden; Mao Zedong, *Texte* in 7 verschmutzten weißen Bänden, Carl Hanser Verlag, München 1979; mehrere Biografien über Mao; mehrere, sehr dicke Bände über China; James P. Harrison, *Der lange Marsch zur Macht. Die Geschichte der Kommunistischen Partei Chinas von ihrer Gründung bis zum Tode Mao Tse-Tungs*; Ernesto Che Guevaras gesammelte Werke *Escritos y discursos* in 9 Bänden, Editorial de Ciencias Sociales, Habana 1977; Ernesto Che Guevara, *Bolivianisches Tagebuch*, mit einem Vorwort von Fidel Castro, und derselbe, *Brandstiftung oder Neuer Friede? Reden und Aufsätze*; Fidel Castro, *Discursos en tres congresos*; Fidel Castro, *La crise mondiale économique et sociale*; Ernst Blochs gesammelte Werke in 18 Bänden; Rosa Luxemburg, *Gesammelte Werke* in 6 Bänden; Sigmund Freud, *Gesammelte Werke* in 18 Bänden mitsamt 1 Registerband; Friedrich Nietzsche, *Gesammelte Werke*; Ludwig Feuerbach, *Anthropologischer Materialismus. Ausgewählte Schriften I & II;* Georg Lukács, *Marxismus und Stalinismus. Politische Aufsätze*; Georg Lukács, *Die Zerstörung der Vernunft* in 3 Bänden; Georg Lukács, *Ästhetik II & III*; unüberschaubar viele Werke von Jürgen Habermas, u. a. *Theorie des kommunikativen Handelns* in 2 Bänden, *Eine Art Schadensabwicklung*, *Technik und Wissenschaft als »Ideologie«*, *Erkenntnis als Interesse* und *Strukturwandel der Öffentlichkeit* und als Herausgeber *Stichworte zur »Geistigen Situation der Zeit«* in 2 Bänden; Pjotr A. Kropotkin, *Die Große Französische Revolution 1798–1793* in 2 Bänden; W. S. Semjonow, *Kapitalismus und Klassen.*

Zur Sozialstruktur in der modernen kapitalistischen Gesellschaft; *DDR Handbuch* in 2 dicken türkisgrünen Bänden; I. S. Kon, *Der Positivismus in der Soziologie*; Theodor W. Adorno, *Negative Dialektik*; Theodor W. Adorno, *Stichworte. Kritische Modelle 2*; Theodor W. Adorno u. a., *Der Positivismusstreit in der deutschen Soziologie*; Max Horkheimer, *Gesellschaft im Übergang*; Louis Althusser, *Die Krise des Marxismus*; Louis Althusser, *Lenin und die Philosophie*; Louis Althusser, *Ideologie und ideologische Staatsapparate*; Louis Althusser und Etienne Balibar, *Das Kapital lesen II*; Antonio Gramsci, *Philosophie der Praxis*; Hans-Georg Gadamer, *Der Anfang des Wissens* und *Die Aktualität des Schönen*; Pierre Bourdieu, *Die feinen Unterschiede*; Pierre Bourdieu, *Zur Soziologie der symbolischen Formen*; Pierre Bourdieu, *Die männliche Herrschaft*; Pierre Bourdieu, *Homo academicus*; Pierre Bourdieu, *Der Tote packt den Lebenden*; Zygmunt Bauman, *Flüchtige Moderne*; Norbert Elias, *Über den Prozess der Zivilisation* in 2 Bänden; Agnes Heller, *Das Leben ändern. Radikale Bedürfnisse, Frauen und Utopie*; Agnes Heller, *Theorie der Gefühle*; Agnes Heller, *Theorie der Bedürfnisse bei Marx*; Agnes Heller und Ferenc Fehér, *Ungarn '56. Geschichte einer antistalinistischen Revolution*; Hannah Arendt, *Was ist Existenz-Philosophie*; Herbert Marcuse, *Der eindimensionale Mensch*; Herbert Marcuse, *Triebstruktur und Gesellschaft*; Königs *Handbuch der empirischen Sozialforschung* in 12 Bänden; *Gabler Wirtschaftslexikon* in 10 Bänden mit 1 Kommentarheft; *Gabler Wirtschaftslexikon* in 6 Bänden; *Vahlens Großes Wirtschaftslexicon* in roter Kassette mit 4 dicken Bänden; Edmund Heinen, *Industriebetriebslehre. Entscheidungen im Industriebetrieb* in einem sehr dicken faulgelben Band; Erich Gutenberg, *Grundlagen der Betriebswirtschaftslehre* in 3 Bänden; Joseph Schumpeter *Theorie der wirtschaftlichen Entwicklung*; Daniel Bell, *Die nachindustrielle Gesellschaft*; Christian Deubner u. a., *Die Internationalisierung des Kapitals. Neue Theorien in der internationalen Diskussion*; Horst Kern und Michael Schumann, *Industriearbeit und Arbeiterbewußtsein. Eine empirische Untersuchung über den Einfluß der aktuellen technischen Entwicklung auf die industrielle Arbeit und das Arbeiterbewußtsein*; Elmar Altvater, *Die Zukunft des Marktes. Ein Essay über die Regulation von Geld und Natur nach dem Scheitern des »real existierenden« Sozialismus*; Elmar Altvater, *Die Weltwährungskrise*; Peter Glotz, *Die Arbeit der Zuspitzung. Über die Organisation einer regierungsfähigen Linken*; Jürgen Kuczynski, *Wissenschaft und Gesellschaft. Studien und Essays über sechs Jahrtausende*; Frank Benseler, Rolf G. Heinze und Arno Klönne (Hg.), *Zukunft der Arbeit*; Institut für Marxistische Studien und Forschungen (IMSF), *Das Monopol – ökonomischer Kern des heutigen Kapitalismus*; Dieter Nohlen und Franz Nuscheler (Hg.), *Handbuch der Dritten Welt* in 8 Bänden, Hoffmann und Campe, Hamburg 1976; Dieter Nohlen und Franz Nuscheler (Hg.), *Handbuch der Dritten Welt* in 8 Bänden, »völlig überarbeitete und erweiterte Neuausgabe«, Hoffmann und Campe, Hamburg 1982; Dieter Nohlen und Franz Nuscheler (Hg.), *Handbuch der Dritten Welt* in 8 Bänden, Verlag J. H. W. Dietz Nachf., Bonn 1993; *Jahrbuch Dritte Welt 1991*; Ulrich Menzel, *Das Ende der Dritten Welt und das Scheitern der großen Theorie* und *Paradoxien der neuen Weltordnung*; Helmut Asche, *Industrialisierte Dritte Welt? Ein Vergleich von Ge-*

sellschaftsstrukturen in Taiwan, Hongkong und Südkorea; Peter Hampe, *Die ökonomische Imperialismustheorie*; Paul Harrison, *Hunger und Armut. »Inside the Third World«*; Michael Brown, *The Economics of Imperialism*; Erhard Eppler, *Wenig Zeit für die Dritte Welt*; Christel Neusüss, *Imperialismus und Weltmarktbewegung des Kapitals*; R. F. Behrendt, *Soziale Strategie für Entwicklungsländer*; Peter J. Opitz (Hg.), *Die Dritte Welt in der Krise. Grundprobleme der Entwicklungsländer*; Leo Gabriel, *Aufstand der Kulturen. Konfliktregion Zentralamerika: Guatemala, El Salvador, Nicaragua*; Alexander Schubert, *Die internationale Verschuldung*; Jürgen Horlemann, *Modelle der kolonialen Konterrevolution. Beschreibung und Dokumente*; Dieter Senghaas (Hg.), *Peripherer Kapitalismus. Analysen über Abhängigkeit und Unterentwicklung*; Paul A. Baran, *Unterdrückung und Fortschritt*; Dieter Senghaas, *Weltwirtschaftsordnung und Entwicklungspolitik. Plädoyer für Dissoziation*; Folker Fröbel u. a., *Die neue internationale Arbeitsteilung. Strukturelle Arbeitslosigkeit in den Industrieländern und die Industrialisierung der Entwicklungsländer*; Paul Dreyfus, *Pol Pot. Le bourreau du Cambodge*; Philippe Chalmin und Jean-Louis Gombeaud, *Les marches mondiaux en 1984/85. Agriculture, énergie, matières premières, transports*; Hans-Heinrich Nolte, *Die eine Welt. Abriss der Geschichte des internationalen Systems*; A. Sid Ahmed, *Développement sans croissance. L'expérience des économies pétrolières du Tiers-Monde*; 6 Bände *Lateinamerika. Analysen und Berichte*; Eduardo Galeano, *Die offenen Adern Lateinamerikas. Die Geschichte eines Kontinents von der Entdeckung bis zur Gegenwart*; Caio Prado Júnior, *História econômica do Brasil*; Wilson Suzigan, *Indústria Brasileira.*

Origem e desenvolvimento; Sven Lindqvist, *Land & Power in South America*; Eduardo del Llano, *El imperialismo: Capitalismo monopolista*; Alan Gilbert, *Latin American Development. A Geographical Perspective*; Salvador Allende, *Chiles Weg zum Sozialismus*; Eduardo Labarca Goddard, *Kommunistische Politik in Chile. Interviews mit dem Generalsektretär der KP Chiles*; *Das deutsch/brasilianische Bombengeschäft*; *El Salvador. Ein Land im Kampf um seine Befreiung*; Walter Bittner, *Gewerkschaften in Argentinien. Vom Anarchismus zum Peronismus*; Dieter Kantowsky, *Indien. Gesellschaftsstruktur und Politik*; Hubert Deschamps, *Histoire général de l'Afrique noire* in 2 kolossalen hellblauen Bänden; Leo Frobenius, *Kulturgeschichte Afrikas*; René Dumont, *L'Afrique noire est mal partie*; Arghiri Emmanuel, *L'échange inégal*; Peter C. W. Gutkind und Peter Waterman, *African Social Studies. A Radical Reader*; Ruth Andexel u. a., *Die Arbeiterklasse in Asien und Afrika*; Américo Boavida, *Angola. Zur Geschichte des Kolonialismus*; Stokeley Carmichael u. a. (Hg.), *Dialektik der Befreiung*; Samir Amin, *L'Afrique de l'Ouest blocquée. L'économie politique de la colonisation 1880–1970*; Samir Amin, *Le développement du capitalisme en Côte d'Ivoire* und *Classe et nation dans l'histoire et la crise contemporaine*; Henry Bourgoin, *L'Afrique malade du management; Politique africaine – L'argent de Dieu*; Bernard Lugan, *Afrique, l'Histoire à l'endroit*; Gilles Duruflé, *L'ajustement structurel en Afrique (Sénégal, Côte d'Ivoire, Madagascar)*; Al Imfeld, *Verlernen, was mich stumm macht. Lesebuch zur afrikanische Kultur*; Barrey Hindess und Paul O. Hirst, *Vorkapitalistische Produktionsweisen*; Michel Leiris, *Phantom Afrika.* Band I & II; Erhard Meueler (Hg.), *unterentwicklung.*

arbeitsmaterialien für schüler, lehrer und aktionsgruppen. band 1; Milton Santos, *l'espace partagé. Les deux circuits de l'économie urbaine des pays sous-développés*; Estudos Coloniais Portugueses, *Portugal e Capital Multinacional em Moçambique 1500–1973*; *La Côte d'Ivoire en Chiffres 1979–80 & 1980–81*; Giovanni Andrea Cornia, Richard Jolly und Frances Stewart, *L'ajustement à visage humain. Protéger les groupes vulnérables et favoriser la croissance*; Laurent Gbagbo, *Côte d'Ivoire. Agir pour les libertés*; Alfred Schmitt (Hg.), *Strategien gegen Unterentwicklung. Zwischen Weltmarkt und Eigenständigkeit*; Parviz Khalatbari, *Überbevölkerung in den Entwicklungsländern*; Institut Panafricain pour le Développement, *Comprendre une économie rurale. Guide pratique de recherche*; Monique Anson-Meyer, *La nouvelle comptabilité des Nations-Unies en Afriques*; René Bureau und Denyse de Saivre, *Apprentissage et cultures. Les manières d'apprendre*; E. le Bris, E. le Roy und F. Leimdorfer, *Enjeux fonciers en Afrique Noire*; François Regis Mahieu, *Les fondements de la crise économique en Afrique*; Bastiaan A. Den Tuinder, *Ivory Coast. The Challenge of Success*; Bassam Tibi, *Nationalismus in der Dritten Welt am arabischen Beispiel*; George Padmore, *Panafricanisme ou Communisme?*; Emily Ruete, *Memoirs of an Arabian Princess from Zanzibar*; Joseph Collins und Frances Moore Lappé, *Vom Mythos des Hungers. Die Entlarvung einer Legende: Niemand muß hungern*; Pascal Labazée, *Entreprises et entrepreneurs du Burkina Faso*; Meine Pieter van Dijk, *Sénégal. Le secteur informel de Dakar*; Michael Franke, *»... und alles, weil wir arm sind.« Produktions- und Lebensverhältnisse in westafrikanischen Dörfern*; J. O. C. Onyemelukwe und M. O. Filani, *Economic Geography of West*

Africa; Samir Amin, Alexandre Faire und Daniel Malkin, *L'avenir industriel de l'Afrique*; L. V. Thomas, *Le socialisme et l'Afrique*, Band 1 & 2; Monique Lakroum, *Le travail inégal. Paysans et salriés sénégalais face à la crise des années trente*; Samir Amin und Catherine Coquery-Vidrovitch, *Histoire économique du Congo 1880–1968*; Ann Seidman, *An Economics Textbook for Africa*; Marc Penouil und Jean-Pierre Lachaud, *Le développement spontané. Les activités informelles en Afrique*; James O'Connor, *The Meaning of Crisis*; Samir Amin, *La faillite du développement en Afrique et dans le tiers-monde*; Christian Palloix, *L'économie mondiale capitaliste. Tome II: le stade monopoliste et l'impérialisme*; Thomas Hurtienne, *Theoriegeschichtliche Grundlagen des sozialökonomischen Entwicklungsdenkens*, Band I & II; Ulrich Menzel, *In der Nachfolge Europas. Autozentrierte Entwicklung in den ostasiatischen Schwellenländern Südkorea und Taiwan*; Brigitte Erler, *Tödliche Hilfe. Bericht von meiner letzten Dienstreise in Sachen Entwicklungshilfe*; Arghiri Emmanuel, *Angepaßte Technologie oder unterentwickelte Technologie?*; *Development of Rural Small Industrial Enterprise. Lessons from Experience*; S. R. Karugire, *A Political History of Uganda*; Pierre Biarnes: *L'Afrique aux Africains*; Peter von Blanckenburg, *Welternährung. Gegenwartsprobleme und Strategien für die Zukunft*; Albert Wirz, *Sklaverei und kapitalistisches Weltsystem*; Dietmar Rothermund (Hg.), *Die Peripherie in der Weltwirtschaftskrise. Afrika, Asien und Lateinamerika 1929–1939*; Basil Davidson, *Africa. History of a Continent*; Gerald M. Meier, *Leading Issues in Economic Development*; Akademie Verlags *Geschichte Afrikas* in vier Bänden; R. und M. Cornevin, *Geschichte Afrikas von den Anfängen bis zur*

Gegenwart; Pahl-Rugensteins *Afrika. Geschichte von den Anfängen bis zur Gegenwart*, Band 1 & 2; Patrick Chabal und Jean-Pascal Daloz, *Africa Works. Disorder as Political Instrument*; Helmut Bley und Rainer Tetzlaff (Hg.), *Afrika und Bonn. Versäumnisse und Zwänge deutscher Afrika-Politik*; Dieter Nohlen (Hg.), *Lexikon Dritte Welt. Länder, Organisationen, Theorien, Begriffe, Personen*; Jean Suret-Canale, *Afrique noire. De la colonisation aux indépendances. 1945–1960*; Victor Kamga, *Duel Camerounais. Démocratie ou barbarie*; Richard Sandbrook, *The Politics of Basic Needs. Urban Aspects of Assaulting Poverty in Africa*; Arghiri Emmanuel, *Un débat sur l'échange inégal: salaires, sous-développement, impérialisme*; Jean-Paul Eschlimann, *Les Agni devant la mort (Côte-d'Ivoire)*; Marcel W. Eboï, *De la prospérité à la paupérisation de la région des lagunes de Côte-d'Ivoire (1893–1960)*; Marc Penouil und Jean-Pierre Lachaud (Hg.), *Le développement spontané. Les activités informelles en Afrique*; Seibel u. a., *Ländliche Entwicklung als Austauschprozess. Einheimische Sozialsysteme, staatliche Entwicklungsstrukturen und informelle Finanzinstitutionen in der Republik Elfenbeinküste*; Raymond Deniel, *Religions dans la ville. Croyances et changements sociaux à Abidjan*; Alfred Schwartz, *La vie quotidienne dans un village guéré*; Attilio Gaudio und Patrick Van Roekeghem, *Etonnante Côte d'Ivoire*; Klaus Ziemer, *Demokratisierung in Westafrika?*; Klaus Ziemer, *Politische Parteien im frankophonen Afrika*; Cord Jakobeit, *Kakao- und Kaffeepolitik in der Côte d'Ivoire und in Kamerun*; Raymond Deniel, *Un société paysanne de Côte-d'Ivoire: les Ano*; Immanuel Wallerstein, *L'Afrique et l'Indépendance*; Laurent Dona-Fologo, *Côte d'Ivoire. Le sursaut national*; Abou Touré, *La civilisation quotidienne en Côte d'Ivoire. Procès d'occidentialisation*; Jean-Pierre Dozon, *La société bété. Côte-d'Ivoire*; Jean-Marc Ela, *La ville en Afrique noire*; Eduardo C. N. Pereira, *Ilhas de Zargo*, 4. edicão 1989 in 2 dicken weißen Bänden; Hervé Bourges und Claude Wauthier, *Les 50 Afriques* in 2 Bänden; Nelson Eurico Cabral, *Le Moulin et le Pilon. Les iles du Cape-Vert*; Jean-François Bayart, *La politique africaine de François Mitterand*; Jean Ziegler, *Politische Soziologie des Neuen Afrika*; Majhemout Diop, *Histoire de classes sociales dans l'Afrique de l'Ouest. Tome 2: Le Sénégal;* Luiz Cabral, *O Estado da Nação*; Eduardo Mondlane, *Kampf um Mozambique*; Amilcar Cabral, *Revolution in Guinea*; Ulrich Schiefer, *Guiné-Bissau zwischen Weltwirtschaft und Subsistenz*; Elisio Martins, *Colonialisme and Imperialism in Mozambique. The Beginning of the End*; Laboratoire »Connaisance du tiers-monde«, *Entreprises et entrepreneurs en Afrique*; Horst Drechsler, *Aufstände in Südwestafrika*; *Exploração Portuguesa em Moçambique. 1500–1973*; Amílcar Cabral, *P. A. I. G. C. Unidade e luta*; *O Processo revolucionário da guerra popular de Libertação;* A. W. Southall und P. C. W. Gutkind, *Townsmen in the Making. Kampala and its Suburbs*; Volker Matthies, *Schwarzafrika. Politische Konflikte und Entwicklungskrisen*; Bokar N'Diayé, *Les castes au Mali*; Dieter Boris u. a. (Hg.), *Schuldenkrise und Dritte Welt. Stimmen aus der Peripherie*; Osendé Afana, *L'économie de l'Ouest-africain. Perspectives de développement*; Egon Dummer, *Äthiopien in Aufbruch*; Andre Gunder Frank, *World Accumulation, 1492–1789*; Claudette Savonnet-Guyot, *Etat et sociétés au Burkina*; Ronald Daus, *Die Erfindung des Kolonialismus*; Karlheinz Graudenz und Hans M. Schindler, *Deutsche*

Kolonialgeschichte in Daten und Bildern; Herbert Schui, *Die Schuldenfalle. Schuldenkrise und Dritte-Welt-Politik der USA*, aber eben keine einzige Schrift von, über oder mit Verbindung zu Bader-Meinhof und der R. A. F. und dem deutschen oder europäischen Terrorismus (Brigada Rosso etc.) oder dem revolutionären Terrorismus in der sogenannten Dritte Welt (P. L. O., Sendero Luminoso usw. usf.), der ja gleichzeitig mit mir, *also in meiner Zeit*, stattfand und Teil des gleichen linksintellektuellen deutsch-europäischen Zeitgeists war, und kein einziges Büchlein, das spezifisch die deutsche Auseinandersetzung mit dem Erbe der Nazisten und also die Väter der jungen Generation behandelt; dafür eben eine ganze Bücherwand der Dritten Welt gewidmet, insbesondere Afrika und Südamerika, weniger Asien und absolut nichts über den Mittleren Osten. Die Last des weißen europäischen Mannes bestand offenbar nicht in seinem eigenen Leben und seiner eigenen Zeit und in dem Leben und der Zeit seiner Väter, sondern darin, die deutsche Geschichte zugunsten der Dritten Welt zu opfern. In der Dritten Welt, sollte die Neue Welt und dessen utopische Weltordnung stattfinden und verwirklicht werden, in den ehemaligen Kolonien sollte sich die Revolution, zu der Marx, Engels, Lenin, Mao, Fanon und Che den Weg vorausgeschrieben hatten, materialisieren, das war *the white man's*, der ich also war, Verantwortung und *burden*, er und also ich waren wortwörtlich, und sogar bildlich dargestellt, der Steuermann in dem Boot seiner, also meiner, kleinen Gruppe oder revolutionären Zelle: Aus einem der 101 unnummerierten und bisher skandalös unerwähnten und mit mysteriösen, vielleicht aus Scham oder Selbstauslöschungspflicht unbeschrifteten, hinter dem Plastikfenster auf den Rücken steckenden Karteikarten bestückten, vollkommen anonymen und auf ideale Weise grauen Leitzordnern, die das ebenso schlampig unerwähnte Regal in der südöstlichen Ecke der Bibliothek füllten und die doch ganz allgemein mehr als jedes andere Phänomen die deutsche Geschichte im zwanzigsten Jahrhundert in ihrer Millionenhaftigkeit zusammenbanden (»Leitzordnung muss sein!« – Ernst Nolde?) – von den Buddenbrooks über den Ersten Weltkrieg, die zahllosen gescheiterten regionalen Revolutionen, die nazistische Machtergreifung, den Zweiten Weltkrieg, das Dritte Reich, die Niederlage, die amerikanische und sowjetische Besatzung und die daraus folgende Spaltung in zwei Deutschlands, in den Westen und den Osten, und dazwischen: die Mauer und die achtundzwanzig Jahre, bis zu der Nacht, in der sie fiel und in Staub und Brocken und Touristensouvenirs verwandelt wurde –, aus einem, also seinem, also meinem der auf idealste Weise anonymen und jeder Persönlichkeit entledigten (bar jeder autoritativen und täglichen und alles in Unikate verwandelnden schöpferischen Behandschriftung und Bekritzelung und Bezeichnung und Beskizzung und Bebuntung einer idiosynkratischen, nobelhaften Hand(ke)) 101 Leitzkastenordnern, die ich, als wären sie heilig und unantastbar, bisher nicht und nie nicht nur nie erwähnt, sondern auch nie berührt oder angetastet hatte (ich bin ja letzten Endes kein schöpferischer Autor wie Handke, aber auch kein Historiker wie Nolde, aber wie sein Vor(unter)gänger Theodor Mommsen weiß auch ich, dass, nimmt man nur einen Leitzaktenkastenordner aus der deutschen oder – wie bei Mommsen – aus der römischen Geschichte aus den Regalen der Archive, dann hat man sein eigenes Urteil gefällt und wird früher oder später unter dem *burden* des deutschen Historikers (»Sichtung u. Auswertung von Quellen nach philologisch-historischer Methode«, © *Duden. Deutsches Universalwörterbuch*, 7. Aufl., Mannheim 2011) untergehen und zermalmt werden, wobei es hier ja wirklich nicht um mich und meine persönliche Geschichte geht, oder das tut es wohl genau, aber immer nur, um zu zeigen und beweisen, dass es *nicht* um mich geht, dass ich nur ein anonymer Kader in der praktische Umsetzung von Theorie in Handlung und Revolution bin, ein kleinstmögliches X (Steuermann) in der Geschichte der Welt), also aus einem dieser 101 Leitzkastenordnern, den ich jetzt, in diesem Moment, ausnahmsweise aus dem untersten Regal herausnahm, nahm ich, als Herausnahme aus der Ausnahme, eine einzige Klarsichtplastikhülle: vier Diplome von der Rudergesellschaft Remagen aus den Jahren 1970 und 1971, alle von dem gleichen 1. Vorsitzender, einem gewissen Richard oder Purchard Roffe oder Rifke, unterschrieben, die bestätigen, dass das Ego, das ich nur allergnädigst auf Zeitfrist bewohne, im Monat September der Jahren 1970 und 1971 als Steuermann eines Vierer u. a. »Vereins- und Stadtmeister« geworden war.

*

Nachweis

Tiefe Mathematik – *Frankfurter Allgemeine Sonntagszeitung* (13. Oktober 2019)

Deutsche Zeitgeister – Eine kürzere Ausgabe von diesem Essay erschien am 11. November 2018 in der *Frankfurter Allgemeine Sonntagszeitung* unter dem Titel »Mit Rechten geredet«

Auf der Weltbühne – *Wespennetz* (Frühling 2015)

Der deutsche Wutbürger – *Die Literarische Welt* (16. Mai 2020)

Das Urteil – *Der Freitag* (13. Dezember 2019)

Der Tod meines Vaters – *Süddeutsche Zeitung* (2./3. Mai 2020)

Nach dem Menschen – *Frankfurter Allgemeine Quarterly* (Dezember 2020)

Madame Nielsen, 1963 geboren, ist Autorin, Sängerin, Künstlerin und Performerin. Ihre Romane wurden mit zahlreichen Preisen ausgezeichnet, und sie war mehrfach für den Nordic-Council-Preis nominiert. Im Jahr 2020 hielt sie die Zürcher Poetikvorlesung. 2024 erschien ihr Roman *Mein Leben unter den Großen*. Zuletzt bei Matthes & Seitz Berlin: *Der Welt- und Zeitumfassende ein-Satz*.

Erste Auflage dieser Ausgabe 2025

Großbeerenstr. 57A, 10965 Berlin, Deutschland
info@matthes-seitz-berlin.de

Gestaltung: Dirk Lebahn, Berlin
Satz: Monika Grucza-Nápoles, Cartagena
Druck und Bindung: Beltz Grafische Betriebe,
Bad Langensalza, Deutschland
Printed in Germany
ISBN 978-3-7518-1046-3
www.matthes-seitz-berlin.de